Marie Robert

Auf einen Drink mit Descartes

GOLDMANN

Buch

Ganz nach dem Motto »Die Philosophen müssen raus aus den Bibliotheken und rein ins Leben« gibt Marie Robert philosophische Ratschläge für alltägliche Probleme und Herausforderungen: Wie gehe ich mit meinem tyrannischen Chef um? Wie überlebe ich eine öffentliche Blamage? Wie bewahre ich einen kühlen Kopf, wenn die Kinder außer Rand und Band sind? Kann ich jemals meine Schüchternheit überwinden? Muss ich einen Gang runterschalten, um in meinem eigenen Tempo zu leben? Anhand von zwölf emotional fordernden Fallbeispielen bietet Marie Robert Tipps und Trost von berühmten Philosophinnen und Philosophen für jede Lebenslage. Sie zeigt Wege auf, wie wir uns unseren Zweifeln und Fragen stellen und selbst schwierige Situationen spielend meistern. Ihre charmante Einführung in die französische Philosophie ist kurzweilige Unterhaltung und echte Lebenshilfe.

Autorin

Marie Robert hat einen Masterabschluss in Philosophie und ist das neue Gesicht der französischen Philosophie. Sie ist die Autorin von *Auf einen Kaffee mit Kant*, das in fünfzehn Sprachen übersetzt wurde. Außerdem hat sie einen eigenen Podcast und betreibt den beliebten Instagram-Account »Philosophy is sexy«, auf dem auch ihr neuestes Buch *Une année de philosophie* beruht.

Außerdem von Marie Robert im Programm

Auf einen Kaffee mit Kant (auch als E-Book erhältlich)

Marie Robert

Auf einen Drink mit Descartes

Überlebenstipps für den Alltag von den größten französischen Philosophen

Aus dem Französischen
von Nadine Lipp

GOLDMANN

Die französische Originalausgabe erschien 2019 unter dem Titel
»Descartes pour les jours de doute« bei Flammarion/Versilio, Paris.

MIX
Papier | Fördert gute Waldnutzung
FSC® C014496

Penguin Random House Verlagsgruppe FSC® N001967

1. Auflage
Deutsche Erstausgabe Februar 2023

Dieses Buch wurde vermittelt von Susanna Lea Associates.
Umschlag: Uno Werbeagentur, München
Umschlagmotiv: FinePic®, München
Redaktion: Hendrik Heisterberg
Satz: Buch-Werkstatt GmbH, Bad Aibling
Druck und Bindung: GGP Media GmbH, Pößneck
Printed in Germany
KW · IH
ISBN 978-3-442-17966-4

Auf die Schwingungen und auf die Liebe,
wenn sie nicht sogar ein und dasselbe sind.

Inhalt

Vorwort

Jean-Paul Sartre, Albert Camus, Simone de Beauvoir, René Descartes, Jean-Jacques Rousseau – selbstverständlich sind uns diese Namen vertraut, denn schließlich haben sie einen festen Platz in den höchsten Rängen der französischen Kultur. Auch international sind sie allseits bekannt und höchst anerkannt, in unserem Alltagsleben spielen sie jedoch kaum eine Rolle. Um sie nicht länger in unseren Bücherregalen verstauben zu lassen, habe ich sie in die heutige Welt eingeladen. So können sie uns mit ihrer Weisheit unmittelbar zur Seite stehen, uns in schwierigen Situationen Auswege zeigen, uns trösten, stärken und ermutigen.

Ich habe zwölf Philosophinnen und Philosophen mit zwölf Alltagssituationen konfrontiert, die relativ heikel werden können. Es sind Momente, in denen wir das Gefühl haben, dass uns die Welt entgleitet. Situationen, in denen uns Zweifel quälen, in denen wir mit Krankheiten konfrontiert sind, in denen wir uns schämen oder einfach nur erschöpft sind. Phasen, in denen wir uns fragen, wer wir eigentlich sind.

Manchmal geht es in unserem Leben stürmisch zu wie auf hoher See. Um sicher navigieren zu können, sollten wir uns auf das emotionale Durcheinander einlassen, dem wir in schwierigen Situationen ausgesetzt sind. Wir sollten es uns genau anschauen und versuchen, es zu verstehen.

Die Philosophie ist kein Wundermittel, aber sie hat Auswirkungen auf unser Leben, wenn wir uns mit ihr beschäftigen. Sie lehrt uns, die Blickrichtung zu ändern. Durch die Magie der Worte und Argumente verleiht sie uns Kraft und Stabilität. So können wir den Faden des Lebens wieder aufnehmen und sind durch die Ereignisse, die wir einst für unüberwindbar gehalten haben, gestärkt. Die Philosophie zeigt uns neue Wege auf, sie spendet uns Trost und beruhigt uns. Sie kann zwar das Chaos des Lebens nicht verhindern, aber sie kann es zähmen, indem sie der nackten Wahrheit direkt ins Gesicht blickt. So kann aus einem schrecklichen Ereignis wieder Zuversicht erwachsen, unsere Tränen trocknen allmählich, und wir setzen ein neues, wenn auch zunächst nur zaghaftes Lächeln auf.

Ich hoffe, dass Sie in diesem Buch ermutigende und inspirierende Gedanken finden und dass die berühmten Philosophinnen und Philosophen ein wenig Licht in

Ihren Alltag bringen. Eines kann ich Ihnen mit großer Wahrscheinlichkeit versichern: Wenn wir uns gegenseitig unsere Schwächen zeigen, werden wir auch aus vollem Herzen miteinander lachen können. In diesem Sinne: Nur Mut!

Marie Robert

Mit Rousseau in Disneyland

Oder:
Die Loopings der Erziehung

Ihre Kinder haben Sie schon so lange bearbeitet – nun ist es wohl an der Zeit nachzugeben. In den letzten Monaten haben die drei raffinierte Strategien entwickelt, Sie vom lange aufgeschobenen Besuch im Freizeitpark zu überzeugen. Ihre Tochter hat Ihren empfindlichsten Knopf gedrückt: Sie hat solche Sehnsucht nach einer Zauberwelt! Ihr jüngster Sohn hat sich mit seinen Freunden verglichen, die alle die Fahrgeschäfte in- und auswendig kennen – im Gegensatz zu ihm. Vollends überzeugt waren Sie aber erst, als Ihr ältester Sohn Sie an etwas erinnert hat: Sie hatten ihm den Freizeitparkbesuch zu seinem zehnten Geburtstag versprochen, und er ist bald volljährig. Diesmal fühlen Sie sich bereit, die perfekte Mutter zu spielen, die sich so sehr aufopfert, dass sie einen ganzen Samstag zwischen Tausenden Besuchern und Menschen in Disneyfiguren- und sonstigen Kostümen verbringt. Glückliche Kinder bedeuten Ruhe im Karton, und ein paar Loopings in der Achterbahn verleihen der Föhnfrisur schließlich auch mehr Volumen.

Die gekauften Tickets hängen am Kühlschrank, und Ihre Kinder zählen die Tage, bis es so weit ist. Sie beobachten Ihre Sprösslinge mit einem zarten Lächeln. Diesen

Ausflug werden die drei ganz sicher ihr Leben lang in guter Erinnerung behalten! Endlich kommt der lang ersehnte Tag. Im Auto studieren Ihre Kids gewissenhaft den Plan des Freizeitparks und beginnen zu debattieren, was als Erstes dran ist. Ihr Ältester schreit: »Bist du irre? Klar gehen wir direkt zur Grubenbahn!« Die Aufregung nimmt ein wenig überhand, daher bitten Sie Ihre Kinder, leiser zu sprechen.

Kaum angekommen stürmen Ihre Kinder schon durch das Tor und rennen zur ersten Attraktion. Sie können ihnen noch so oft zurufen, dass sie sich nicht so beeilen müssen, sie sind schon außer Hörweite. Ein Schild am Eingang zum ersten Fahrgeschäft zeigt die Wartezeit an: vierundsiebzig Minuten. Ein Glück, das wird sie etwas beruhigen. Aber da haben Sie die Rechnung ohne Ihre Tochter gemacht! Nach einer Viertelstunde fragt sie winselnd, warum die Zeit so langsam vergeht, und fleht Sie an, ihr einen Glitzerhaarreif zu kaufen. Zunächst weigern Sie sich, einem Frustkaufimpuls nachzugeben, als aber Ihr jüngster Sohn anfängt, seine Schwester am Pferdeschwanz zu ziehen, weil er es cool findet, sie zu ärgern, geben Sie nach.

Sie lächeln zwar noch, aber allmählich kriegen Sie schlechte Laune. Der Gedanke, dass der Tag gerade erst begonnen hat, ist wenig hilfreich.

Der Älteste, der während der ganzen Wartezeit sein Handy nicht einmal aus der Hand legt, schlägt nach einer Stunde vor, über einen Zaun zu springen, um zehn Plätze

Vorsprung zu gewinnen. Sie sind empört und erinnern ihn an die Grundregeln des höflichen Umgangs, an den Respekt gegenüber den Mitwartenden. Es beschleicht Sie das Gefühl, dass nur Ihre Kinder sich danebenbenehmen, und Sie fragen sich leicht verwirrt, wer sie wohl erzogen hat. Die letzten Minuten in der Warteschlange zaubern endlich allen ein Lächeln ins Gesicht. Triumphierend besteigen Sie einen Waggon der Grubenbahn und sind bereit, sich die Lunge aus dem Leib zu schreien. Der Nervenkitzel ist tatsächlich ganz nett, doch nach eineinhalb Minuten heißt es: Das war es schon, alle aussteigen und schnell zum Ausgang. Es fällt Ihnen schwer, sich von diesem Spagat zwischen ewiger Wartezeit und Minimalspaß zu erholen. So in Gedanken versunken nehmen Sie gar nicht richtig wahr, wie der Jüngste Sie warnt: »Mama, mir geht's nicht gut.« Und prompt ist es zu spät – Ihr Kind, grün wie eine Zeichentrickfigur, übergibt sich auf Ihre Handtasche. Die Geschwister beeindruckt dieser Zwischenfall überhaupt nicht, sie sind schon damit beschäftigt, die nächste Attraktion zu finden, um sie auf ihrer Wunschliste abzuhaken.

In der zweiten Warteschlange erholt sich der Junge mit der Übelkeit und zwar so schnell, dass er nach ein paar Minuten vorgibt, auf der Stelle zu verhungern. Deshalb muss er sofort alles haben, was die Zuckerindustrie feilbietet. Während er also genüsslich einen Schokoriegel nach dem anderen verspeist, halten Sie ihm eine Moralpredigt wegen der gesundheitlichen Schäden. Aber wozu? Wind kommt auf, und Sie spüren, wie Ihre Prinzipien buchstäblich weggeweht werden. Was für ein gemütlicher Tag hätte es werden können, wären Sie einfach in Ihrem Wohnzimmer geblieben. So endet Ihr Vormittag mit einem Hin und Her zwischen Fahrgeschäften, Toiletten und Ermahnungen. Das Kinderparadies – ein Fegefeuer für Eltern.

Nach einem Mittagessen, bei dem Ihre Kinder eine Pommesschlacht anfangen, beschließen Sie, den Nachmittag in der Welt der Prinzessinnen zu verbringen, wo alle Geschichten mit einem Happy End ausgehen. Da es nun aber in Strömen regnet, amüsieren sich Ihre Kinder erst einmal mit Pfützenhopping. Die Musik, die aus jeder Ecke dröhnt, scheint nur komponiert worden zu sein, um Sie zu stressen, was auch bestens funktioniert. Ihre Tochter verliert ihren neuen Glitzerhaarreif, obwohl Sie ihr gesagt haben, sie solle gut darauf aufpassen. Ihre Söhne nutzen die Gelegenheit, um sich mit Lichtschwertern zu bekämpfen. Jetzt sind es Ihre Nerven, die Achterbahn fahren. Sie haben das Gefühl, alles falsch gemacht zu haben. Weder dieser Tag noch das Mutterdasein haben etwas Märchenhaftes an sich. Ihre Kinder machen nur Blödsinn, und Sie fragen sich ernsthaft, was bloß einmal aus ihnen werden soll.

Die ganze Prinzessinnenwelt ist in Fifty Shades of Rosa gehalten. Ihre beiden Jungs stöhnen permanent wegen all des »Babyzeugs«, das ihnen verständlicherweise weniger gefällt als der Nervenkitzel der Achterbahnen. In ihrer Langeweile haben sie nichts Besseres zu tun, als einem

Mitarbeiter im Prinzenkostüm die Krone zu klauen. Der Ordnungsdienst taucht auf und bittet Sie, Ihre Kinder »etwas besser im Zaum zu halten«. Das ist der eine Satz zu viel, der ultimative Affront, der Ihr ganzes erzieherisches Versagen entlarvt. Ihre Halswirbelsäule, vom ruckartigen Anhalten und Beschleunigen der Spaßbahnen bereits böse malträtiert, versteift sich nun völlig. Sie können Ihren Zorn nicht mehr zurückhalten, Sie schreien wütend herum und schwören vor allen Besuchern und lebensgroßen Disneyfiguren des Parks, hier niemals wieder herzukommen. Erschöpft sinken Sie auf eine Bank und fühlen sich, als hätten Sie sich in eine Hexe verwandelt. Während die zwei Jüngeren ihr Eis aufessen, wirft Ihr Ältester Ihnen einen einfühlsamen Blick zu und sagt: »Mama, was ist denn los mit dir? Wir hatten so einen tollen Tag!«

Kurz verspüren Sie den Drang, die drei einfach hier zurückzulassen.

Was sagt Rousseau dazu?

Selbstverständlich ist ein Mann, der seine fünf Kinder in ein Heim gesteckt hat, weil er meinte, sich nicht adäquat um sie kümmern zu können, nicht das beste Vorbild in Erziehungsfragen. Jean-Jacques Rousseau, Autor des gewichtigen Buches *Vom Gesellschaftsvertrag oder Prinzipien des*

Staatsrechtes war aber gleichzeitig der Denker, der unsere Sicht auf die Kindheit am stärksten verändert hat. Denn er betrachtete sie in ihrer Singularität, und nicht als Vorstufe zum Erwachsenenleben. In seiner Abhandlung *Émile oder Über die Erziehung* bezeichnet sich Rousseau als Pionier der Pädagogik. Wenn Sie also die nächsten Samstage mit Ihrem Nachwuchs nicht nur überleben, sondern sich auch wirklich amüsieren wollen, dann sollten Sie Rousseau zu Ihrem Verbündeten machen.

Werden Sie von Gefühlen überwältigt? Können Sie Ihre Wut nicht mehr zurückhalten? Das dürfte vor allem daran liegen, dass Sie denken, Ihre Kinder nicht im Griff zu haben. Sie sind launisch, zanken sich, werden frech, hören nicht auf Sie und benehmen sich daneben. Eigentlich sollte es ein wunderschöner Tag werden, doch Sie haben das Gefühl, der Ausflug in den Freizeitpark fördere die schlimmsten Verhaltensweisen Ihrer Kinder zutage. Den ganzen Tag über haben Sie sich nur geärgert. Und da Sie für ihre Erziehung verantwortlich sind, geben Sie sich selbst die Schuld. Wie sehr Sie sich auch bemühen – reden, verhandeln, tadeln, anschreien –, Ihr Nachwuchs hat auf Durchzug geschaltet. Sie haben jegliche Kontrolle verloren. Und genau hier kommt Rousseau ins Spiel, denn er hat klargemacht: Wir wollen Kinder unter Kontrolle halten, damit sie sich besser in die Welt der Erwachsenen einfügen.

In *Émile oder Über die Erziehung* zeichnet der Philosoph originell und präzise das Porträt eines imaginären Schülers namens Émile, der als Waise geboren wurde. Das Buch stellt seine Erziehung von der Wiege bis zum Erwachsenenalter dar. Rousseau behandelt zunächst die Zeit im Kleinkindalter, wobei er kein Detail auslässt – von der Ernährung bis zur idealen Badetemperatur. Er geht auf das Alter ein, in dem Émile zu sprechen beginnt und sich seine Sinne und sein Verstand entwickeln. Dann behandelt er das Knabenalter bis zum zwölften Lebensjahr, in dem er schneller wächst als seine Bedürfnisse. Und schließlich gelangt er zum »kritischen Moment« der Pubertät. Wie Sie sehen, lässt Rousseau keine Phase aus und spricht alle Themen an, die auch Ihren Nachwuchs betreffen.

Doch all diese Themen, die Rousseau behandelt, laufen immer auf die Grundannahme hinaus, das Kind sei autonom. In dieser Hinsicht ist sein Blickwinkel wirklich bahnbrechend, vor allem für das 18. Jahrhundert. Nach dem Verständnis des Philosophen ist das Kind ein vollwertiges Individuum und kein verlängerter Arm seiner Eltern. Rousseau hat sich auch deshalb so viele Gedanken über die Freiheit des Einzelnen gemacht, um sie auf die Erziehung anwenden zu können. Er stellte jedoch fest, dass Erziehung meist darin besteht, die Kinder zu zwingen, sich an Regeln zu halten oder sich Fertigkeiten anzueignen, die von der Gesellschaft vorgegeben sind. Dabei werden viel zu viele Verbote ausgesprochen. Für die Eltern ist das anstrengend, und für die Kinder entmutigend. Rousseau ändert die Sicht auf die Erziehung radikal, indem er die

Reihenfolge der Prioritäten umkehrt: An erster Stelle steht nicht die Gesellschaft, sondern das Kind.

Von nun an soll die Erziehung den Erwachsenen als Erwachsenen und das Kind als Kind betrachten. Den Eltern kommt die Aufgabe zu, dieses einzigartige, sich entwickelnde Individuum Schritt für Schritt zu begleiten, damit es zu sich selbst finden kann, anstatt nur zu einem Wesen zu werden, das den Erwartungen einer bestimmten gesellschaftlichen Gruppe entspricht. Für den Philosophen ist die Gesellschaft gleichbedeutend mit Ungleichheit und Knechtschaft, denn der Mensch wird von der Anerkennung durch die Gesellschaft abhängig. Um dem entgegenzuwirken, empfiehlt Rousseau, dass die Natur die Rolle der Erzieherin übernimmt. So kann das Kind seine Autonomie austesten und seine eigenen Erfahrungen machen, ohne von einem Lehrer angeleitet zu werden. Rousseau vertritt einen radikalen Empirismus, was bedeutet, dass das Kind durch seine Sinneserfahrungen selbstständig lernen soll. Es kann die Welt direkt erfahren und lernen, indem es entdeckt, ausprobiert und sich seine Erkenntnisse erarbeitet. Zusammengefasst ist das eine Welt, in der man von klein auf sein eigenes Leben lenkt, ohne von Erwachsenen gelenkt zu werden.

Zugegeben, der Vorschlag mag ein bisschen radikal klingen. Sie werden Ihre kleine Tochter nicht im Namen der Freiheit allein in einer Warteschlange stehen lassen, Ihrem Jüngsten nicht alle Süßigkeiten kaufen, die er haben will, oder Ihren Ältesten allzu heftig mit ihm kämpfen lassen. Die Natur, wie Rousseau sie meinte, finden Sie logischerweise nicht im Freizeitpark. Wenn Sie Ihre Kinder dort komplett von der Leine lassen, besteht die legitime Befürchtung, dass Rousseaus Ideen nur zu schlecht erzogenen zukünftigen Erwachsenen führen, die sich weder in ein berufliches noch in ein privates Umfeld einfügen können. Selbstverständlich müssen wir Rousseaus Ideen an heutige Bedingungen angepasst betrachten. Gerade wenn wir über die Risiken nachdenken, gelangen wir zu einem anderen Grundpfeiler Rousseau'schen Denkens: dem Vertrauen. Ein Kind kann seine Autonomie nur dann gut entwickeln, wenn die Eltern ihm vertrauen, und wenn es Vertrauen in sich selbst aufbauen kann. Das geschieht, indem die Eltern dem Kind erlauben, es selbst zu sein. Nur wenn Sie ihm kein bestimmtes Verhalten abverlangen, können Sie sicher sein, dass das Kind aus dem Erlebten Nutzen zieht und selbst lernt, was ihm guttut und was nicht. Wenn es erwachsen ist, wird es dann genug Selbstvertrauen haben, um sich an die verschiedensten Situationen anzupassen. Im Grunde genommen verpflichtet uns Rousseau dazu, unsere Kinder zu mutigen Menschen zu erziehen, die im Hier und Jetzt leben und nicht ängstlich in die Zukunft blicken.

Auch wenn die Idee einer Erziehung durch die Natur heutzutage schwer zu verwirklichen ist, können wir durchaus einen Tag lang im Hier und Jetzt leben und unsere Prinzipien mal über Bord werfen. Anstatt schreien zu müssen und anschließend erschöpft zu sein, können Sie einen außergewöhnlichen Tag genießen. Sind die Eltern glücklich, sind die Kindern glücklich. Nur weil sie sich einen Haarreif wünschen oder zwölf Stunden lang nur Schokolade essen, heißt das nicht, dass sie ihren Weg im Leben verfehlen werden. Üben Sie weniger Druck aus. Legen Sie mal Ihre Gewohnheiten ab und lassen Sie sich treiben. Jedem Alter seine Freude.

Ein paar Zeilen zu Rousseau
(1712–1778)

Jean-Jacques Rousseau wurde am 28. Juni 1712 in der damaligen Republik Genf geboren. Seine Mutter starb wenige Tage nach der Geburt, und er wuchs bei seinem Vater auf, einem Uhrmacher, der ihn bald in ein Internat und später in die Lehre bei einem Graveur schickte. Bereits in jungen Jahren besaß Jean-Jacques einen ausgeprägten Freiheitsdrang, er riss aus und wurde Landstreicher. Seine Begeisterung für Musik führte ihn nach Paris, wo er ein neues System der Musiknotation entwickeln wollte. Dort lernte er Denis Diderot kennen sowie die zukünftige Mutter seiner fünf Kinder, die er später verlassen sollte. 1750 begann er seine philosophische Laufbahn mit der Veröffentlichung der kulturpessimistischen *Abhandlung über die Wissenschaften und die Künste*. Seine These, die moderne Kultur sei nicht unbedingt etwas Gutes, bekräftigte er auch 1755 im *Diskurs über den Ursprung und die Grundlagen der Ungleichheit unter den Menschen*. Seine düstere Vision des gesellschaftlichen Lebens brachte ihm einigen Ärger mit anderen Philosophen der Aufklärung ein. So fühlte er sich trotz des Bucherfolges ausgegrenzt. 1762 erschienen Rousseaus Hauptwerke, in denen er die Volkssouveränität *(Vom Gesellschaftsvertrag oder Prinzipien des Staatsrechtes)* und die Souveränität des Kindes *(Émile oder Über die Erziehung)* hervorhob. Beide Werke wurden zensiert, darüber hinaus untergrub auch Voltaire die Glaubwürdigkeit von Rousseaus pädagogischen Thesen, indem er öffentlich machte, dass dieser seine eigenen Kinder abgegeben hatte. Der missverstandene Rousseau flüchtete in die Schweiz und versuchte, sich in einer seiner letzten Schriften (*Die Bekenntnisse*, 1770) zu rehabilitieren. Er starb in bitterer Einsamkeit, und dennoch: Der posthume Erfolg seiner Werke war beachtlich, sie brachten ihm sogar die Bewunderung Kants ein. 1794 wurde Rousseaus Asche zusammen mit der Voltaires in das Panthéon überführt, wo die beiden verfeindeten Philosophen nun in Ewigkeit verbunden sind.

Das Buch für den Krisenfall

Émile oder Über die Erziehung

In seinem 1762 veröffentlichten *Émile* legt Rousseau eine veritable Abhandlung zur Erziehung vor. Émile, eine fiktive Figur, soll seine Ausführungen von der Kindheit bis zum Erwachsenenalter untermauern. Obwohl einige von Rousseaus Thesen heute absurd erscheinen, kommt ihm das große Verdienst zu, das Kind als ein vollwertiges Individuum erkannt zu haben. Nach wie vor ist er eine große Inspiration für viele Pädagogen. In Japan ist die Lektüre dieses Buches für alle, die den Lehrerberuf anstreben, verpflichtend.

Philosophie hilft!

- Kinder sind eigenständige Individuen und keine »kleinen Erwachsenen«. Sie leben in ihrer eigenen Welt. Es ist wichtig, ihre Einzigartigkeit zu respektieren.
- Kinder zur Selbstständigkeit zu erziehen bedeutet nicht, ihnen absolut alles zu erlauben, sondern

ihnen die Möglichkeit zu geben, die Welt, die sie umgibt, zu erleben. Man lernt, indem man lebt.

- Kinder zu erziehen bedeutet nicht nur, sich selbst unter Druck zu setzen und ihnen Regeln für die Zukunft mitzugeben, sondern mit ihnen den gegenwärtigen Moment zu leben – freudig und im Vertrauen darauf, dass sie ihren Weg zu gegebener Zeit finden werden.

Montaigne und das Tempo

Oder: Die Suche nach der verlorenen Langsamkeit

Viertel nach sechs. Der Wecker klingelt und reißt Sie aus den schönsten Träumen. Es ist schier unmöglich, gleich beim ersten Klingeln aus dem Bett zu springen. Eine halbe Stunde später stehen Sie unter der Dusche und müssen sich beeilen, denn Sie befürchten, dass Ihr gesamter Tagesplan durcheinandergerät. Nun bereuen Sie die zusätzlichen Minuten, die Sie liegen geblieben sind. In der Küche laufen die Kaffeemaschine und das Radio, der Toaster ist auch in Betrieb. Der Wortschwall aus dem Radio, dem Sie kaum folgen, versichert Ihnen, dass sich die restliche Welt auch in Bewegung gesetzt hat. Sie haben keine Zeit mehr. Sie schlingen die Hälfte des Toasts hinunter und kippen den halben Kaffee hinterher, während Sie Ihre Schuhe anziehen und auf die Verkehrsapp schauen, um eine Vorahnung von dem Stau zu bekommen, der Ihnen gleich blüht.

Auf der Strecke ist schon so viel los, dass Sie es bereuen, sich nicht noch viel mehr beeilt zu haben. Aber Sie nutzen die Verzögerungen, um mit ein paar Textnachrichten am Steuer gegen die Straßenverkehrsordnung zu verstoßen. Einen Zahnarzttermin verschieben, ein Meeting am Nachmittag organisieren, die Erinnerung an den Geburtstag, der nicht vergessen werden darf, das Hotel, das gebucht werden muss etc. Ihre Finger vollführen die tagtägliche Choreografie eines Lebens auf Hochtouren. Die Hektik in Ihrem Kopf gleicht das Schneckentempo im Verkehr aus. Sobald Sie endlich im Parkhaus Ihres Bürogebäudes angekommen sind, rennen Sie los, als Ausgleich für das Fitnesstraining, das Sie mal wieder absagen werden, weil Sie noch Akten durchackern müssen. Während Sie einen weiteren halben Kaffee trinken, kritzeln Sie Ihre To-do-Liste für den Tag. Sie wird sehr schnell sehr voll, da bereits Unerledigtes vom Vortag darauf steht. Sie überschlagen, wie lange Sie ungefähr für jede Aufgabe benötigen werden, aber das Klingeln des Telefons und die Pieptöne der aufploppenden internen Nachrichten bremsen Sie aus. Wenn Sie es schaffen wollen, müssen Sie Rekorde brechen.

Kaum haben Sie sich in die Arbeit vertieft, als auch schon ein Kollege in Ihr Büro stürmt und Sie unterbricht: »In dein Dokument von gestern hat sich ein Fehler eingeschlichen, du musst ihn schnell korrigieren, bevor ich es verschicke.«

Stundenlang haben Sie daran gearbeitet, aber so schnell wollen Sie sich auf keinen Fall ärgern lassen. Sie nehmen den Hinweis zur Kenntnis, notieren ihn auf ein Post-it und kleben es an den Bildschirmrahmen. Gerade wollen Sie sich wieder an die Arbeit machen, da platzt eine Kollegin herein: »Hast du die drei Fälle fertig, die ich dir letzte Woche gegeben habe?« Auch diesmal können Sie nur wortlos den Kopf schütteln und ein weiteres Post-it schreiben. Es scheint ein Tag wie jeder andere zu werden: voller Anweisungen, Deadlines und Aufgaben, die bis gestern hätten erledigt sein müssen.

Sie leben in einer Welt, in der Zeitdruck zur Norm geworden ist. Eigentlich fast Ihr gewohnter Rhythmus, wäre da nicht diese heimtückische E-Mail, die um 10:24 Uhr eintrudelt. Sie ist mit einer kleinen roten Fahne markiert, woran man bereits sieht, dass Sie sie schlecht verdauen werden. Mit einer blumigen Formulierung erklären Ihnen Ihre Vorgesetzten, dass die Produkteinführung, auf die Sie seit Monaten Ihre gesamte Aufmerksamkeit gerichtet haben, um zwei Tage vorverlegt wurde. Im selben Moment kommt eine Nachricht über den Facebook-Messenger: Ihr bester Freund bittet Sie, die Zugtickets für das nächste Wochenende zu besorgen. Ihr Herz verkrampft sich kurz bei dem Gedanken, dass Sie das Treffen wahrscheinlich in letzter Minute werden absagen müssen. Ihr Blutdruck steigt. Die Mittagspause ist nur noch ein ferner Traum, ausgeschlossen, dass Sie heute noch einmal vom Schreibtisch aufstehen werden. Die Stunden vergehen und scheinen sich gegen Sie zu verschwören. Um 12 Uhr verabschiedet sich der Drucker und bringt noch mehr Chaos in diesen endlos stressigen Tag. Um 14:27 Uhr kommt die Kollegin wieder und will Ihre Rechnungen haben. Um 15 Uhr haben Sie eine Teamsitzung, und was Ihre Vorgesetzten dort von sich geben, klingt in Ihren Ohren nicht mehr nach Anweisungen, sondern mehr nach abgedrehten Beschwörungsformeln. Um 16 Uhr beschwert sich Ihr Zahnarzt auf Ihrer Mailbox, dass Sie schon wieder Ihren Termin verschoben haben. Um 16:15 Uhr fragt Ihre Verlobte nach, ob Sie auch nicht die Hotelbuchung vergessen haben. Um 17 Uhr stellen Sie erschrocken fest, dass Sie nur ein Drittel der To-do-Liste geschafft haben. Ihre Kopfschmerzen machen Sie halb wahnsinnig, aber Sie reißen sich zusammen und versuchen sich einzureden, Sie wären ein Gladiator. Schneller, schneller! Die Sekunden gehorchen Ihnen. Um 18:22 Uhr kleben so viele Post-its an Ihrem Bildschirm, dass Sie nicht mehr genau sehen, was Sie da tippen. Um 19 Uhr verschicken Sie die gefühlt hundertste Textnachricht an diesem Tag: »Tut mir leid, ich schaffe es heute Abend nicht ins Kino, bei der Arbeit ist die Hölle los. Ich hoffe, du bist mir nicht böse.«

Die Hölle, der Wettlauf mit der Zeit. Das ist Ihr Leben – ein Wettlauf, bei dem sich das Ziel ständig nach hinten verschiebt. Da Sie immer nur sprinten, haben Sie das Gefühl, erst dann gewonnen zu haben und durchatmen zu können, wenn Sie das Ziel erreichen, was aber nie geschieht. Ihr Leben befindet sich durchgehend im Beschleunigungsmodus. Sie wissen mittlerweile nicht mehr so genau, was Sie tun, geschweige denn, wer Sie sind. Was machen Sie hier eigentlich? Und was war noch mal das Ziel? Ihre Arbeit ist zum Selbstzweck geworden, und Ihr

Privatleben schmilzt mit einer Absage nach der nächsten dahin. Sie erfreuen sich an gar nichts mehr. Sie haben den ganzen Tag über nichts gegessen, Ihr knurrender Magen beschwert sich über die Tyrannei des Schnell-schnell und die Illusion von Effizienz. Sie fühlen sich komplett unfähig. Es ist 21:26 Uhr, das Büro leer, und nach der ganzen Hektik rudert und keucht Ihr Computer schon genauso wie Sie. Sie sind nicht mehr in der Lage, einen klaren Gedanken zu fassen. Was nun? Alles abbrechen und sich für den Rest des Lebens unter der Bettdecke verkriechen? Das wird wohl kaum Ihre Bestimmung sein. Also in diesem Tempo weitermachen und den Supergau riskieren? Sie brauchen Hilfe, um das richtige Maß, um Ihr eigenes Tempo zu finden.

Was sagt Montaigne dazu?

Wer könnte uns in einer solchen Angelegenheit besser behilflich sein als ein Mann, der den Augenblick feiert? Michel de Montaigne ist hier ein großartiges Vorbild. Er fordert uns auf, in uns hineinzuhorchen, um herauszufinden, was uns guttut. Mit ihm und seinen *Essais*, die er 1572 begann, werden Sie wieder zur Ruhe kommen.

Wenn Sie sich heutzutage im Taumel des modernen Lebens völlig erschöpft fühlen, liegt es daran, dass Sie sich ein Tempo zumuten, das nicht das Ihre ist. Sie gehen ständig an Ihre Grenzen, opfern jeden Tag ein bisschen mehr von Ihrem Privatleben und verraten damit Ihr innerstes Wesen. Dabei wissen Sie gar nicht, wohin Sie eigentlich wollen, wenn Sie sich so beeilen. Montaigne, der glückliche Mann aus Bordeaux, prangert genau diese Eitelkeit des Wettlaufs vehement an. Seine *Essais* sind ein Potpourri unterschiedlicher Themen: Er macht sich Gedanken über die Ernährung, über Pferde, Medizin, Bücher und nicht zuletzt über die Zeit, und wie wir sie füllen.

Für Montaigne gibt es nichts Unnötigeres, als nach Ehre, Ruhm oder Unsterblichkeit zu streben. Die Ziele, die wir uns oftmals setzen, sind pure Illusionen, die uns nicht tragen und motivieren, sondern uns nur noch mehr von uns selbst entfernen. Wie viele Akten, Meetings und Beförderungserwartungen haben Sie dazu gebracht, sich von sich selbst abzuwenden? Nicht mehr auf Hunger, Erschöpfung oder andere Bedürfnisse zu achten? Diese Tendenz zur erzwungenen Unruhe kommentiert Montaigne so: Am besten gestaltet man sein Leben, indem man sich an die anderen und an die Gemeinschaft anpasst, dabei die Ordnung wahrt, aber weder Wunder erwartet, noch sich Außergewöhnliches oder Extravagantes aufhalst. Er hält eine Lobrede auf die Ruhe und Bescheidenheit. Der Maßlosigkeit dagegen misstraut er. Daraus sollte man jedoch nicht schließen, dass er Müßiggang, Mittelmaß und Verzicht preist oder dass wir einfach im Bett bleiben sollen.

Montaigne geht es um etwas anderes. Er erinnert uns daran, unseren eigenen Rhythmus zu respektieren, wie er es in diesem berühmt gewordenen Satz auf den Punkt bringt: »Das ruhmvolle Meisterwerk des Menschen ist es, recht zu leben.« Recht zu leben, also wahrhaftig zu leben – darauf baut Montaigne sein inneres Gebäude auf und inspiriert uns, es ihm gleichzutun.

Seinerseits ließ er sich von der Ethik des antiken Philosophen Epikur inspirieren. Im Gegensatz zur Überlieferung empfahl dieser jedoch nicht, sich bloß ausgiebig dem Genuss hinzugeben. Ihm ging es vielmehr darum, durch das sinnliche Vergnügen den Zustand inneren Friedens zu erreichen, in dem unsere Seele und unser Körper völlig zur Ruhe kommen. Dazu muss man auf sich selbst hören können, sich selbst näherkommen und sich spüren. Jedes Individuum hat seinen eigenen Rhythmus, der ihm nicht von außen auferlegt werden kann. Leben wir entgegen unserem Rhythmus, laufen wir Gefahr, nicht lange durchzuhalten, also irgendwann zusammenzubrechen, krank zu werden und unser Leben zu verfehlen. Wir kapseln uns dann auch von den anderen ab und stochern im Nebel herum, den wir selbst verursacht haben.

Aber wie kommen wir unserem eigenen Rhythmus auf die Spur? Montaigne begleitet uns auch bei dieser Suche und bringt sich selbst als Beispiel an. Die Erfahrung lehrt uns, was zu uns passt und uns zur Gewohnheit werden sollte. Montaigne stellt etwa fest, dass er sehr gerne schläft, schnell und zügig geht, und dass es gesünder ist, langsamer und weniger zu essen. Montaigne studiert sich selbst und macht aus seinen Gewohnheiten Prinzipien, die ihm guttun. Dabei betont er die Beständigkeit. Nebensache, ob man nun eher langsam oder schnell ist. Das Ziel muss sein, den Rhythmus zu entdecken, in dem wir uns wohlfühlen. Und selbst wenn uns unser Leben beruflich wie privat Zwänge auferlegt, können wir uns kleine Freiräume schaffen, die uns helfen, wieder zur Ruhe zu kommen.

Montaigne geht sogar noch einen Schritt weiter. Denn abgesehen vom Rhythmus, der bei jedem Menschen individuell ist, besteht auch die Gefahr, zerstreut zu leben und zu viele Dinge auf einmal zu tun. Die Ruhe, die uns an übervollen, chaotischen Tagen fehlt, können wir finden, indem wir »recht leben«, indem wir uns auf eine Aufgabe nach der anderen konzentrieren und dabei im Hier und Jetzt bleiben: »Wenn ich tanze, tanze ich; wenn ich schlafe, schlafe ich; und wenn meine Gedanken auf einem einsamen Spaziergang in einem schönen Garten eine Zeitlang bei entfernteren Gegenständen geweilt haben, führe ich sie auch wieder zu dem Spaziergang, zu dem Garten, zum Genusse der Einsamkeit und zu mir selbst zurück.« Im Hier und Jetzt sein, gewahr seiner selbst und dessen, was man tut – dieser Aufruf zur »Introspektion«, also in sich hineinzuhorchen, begründet die wertvolle Weisheit, die Montaigne uns mit auf den Weg gibt. Wir sind dann als Individuum in uns selbst verankert, haben unseren

Körper und unsere Seele aufeinander abgestimmt, um das zu genießen, was die Natur uns bietet. Diese Ethik schätzt die Harmonie zwischen Individuum und Welt als einzig möglichen Weg, um unsere Gelassenheit zu bewahren.

Indem Montaigne sich selbst erforscht und uns an seinem Denken unmittelbar teilnehmen lässt, macht er uns darauf aufmerksam, für uns selbst zu sorgen. Früher ins Bett gehen, eine Runde joggen, das Radio ausschalten, die Bäume anschauen etc. – es gibt viele Möglichkeiten. Sie mögen klein erscheinen, sind aber wesentlich, damit unsere Selbstfürsorge Bestand hat und wir unsere Köpfe dauerhaft von den Post-it-Zetteln des Lebens befreien können.

Ein paar Zeilen zu Montaigne
(1533–1592)

Michel Eyquem de Montaigne wurde am 28. Februar 1533 geboren und wuchs in einer reichen Kaufmannsfamilie in Bordeaux auf. Als ältestes von sieben Kindern verbrachte er seine ersten Lebensjahre in einem Dorf – der Junge sollte sich an bescheidene und gewöhnliche Lebensbedingungen gewöhnen. Nach seiner Rückkehr auf das Familienschloss wurde er von seinem Vater erzogen. Er ließ ihm eine humanistisch geprägte Erziehung zuteilwerden, die den Feingeist mit klassischer Bildung verband: Ein Musiker kam jeden Morgen, um ihn zu wecken, und sein Hauslehrer sprach nur auf Latein mit ihm. Während seiner Ausbildung an einem renommierten Collège in Bordeaux schwelgte der junge Michel in Texten antiker Autoren wie Seneca, die sein Denken prägen sollten. Nach seinem Jurastudium in Toulouse wurde er Richter und lernte Étienne de La Boétie kennen, den Autor der *Abhandlung über die freiwillige Knechtschaft*. Mit ihm verband ihn bis zu dessen frühem Tod 1563 eine enge Freundschaft. Zwei Jahre später heiratete Montaigne Françoise de La Chassaigne. Das Paar bekam sechs Töchter, wobei Leonor als Einzige nicht im Kindesalter starb. 1570 zog sich Montaigne, gelangweilt von den Ehrungen im Beruf, auf seinen Landbesitz zurück und begann die *Essais* zu schreiben – eine Tätigkeit, der er bis zu seinem Tod nachging. Er reiste durch Europa, lernte die Schweiz, Deutschland und Italien kennen und versuchte, die dortigen Sitten und Bräuche zu verstehen. Nach seiner Rückkehr wurde er für vier Jahre (bis 1585) Bürgermeister von Bordeaux. Die Religionskriege schwächten Frankreich. Nachdem er den Menschen zeitlebens verteidigt hat, sich immer hinter Menschen statt hinter Thesen gestellt hat, war Montaigne am Ende seines Lebens ob der Dummheit der Menschen sehr betrübt. Er starb am 13. September 1592 in seinem Schloss. Seine *Essais* haben eine dauerhafte Spur im modernen Denken hinterlassen, von Descartes bis Heidegger.

Das Buch für den Krisenfall

Essais

Als sich Montaigne 1572 in den Ruhestand zurückzog, begann er mit den *Essais*. Er schrieb je nach Lust und Stimmung, geleitet von Eindrücken und Beobachtungen. Die Breite der behandelten Themen macht diese Texte zu einem wertvollen und zugänglichen Werkzeug, anhand dessen wir lernen können, alle Facetten des Lebens weise zu betrachten.

Philosophie hilft!

- Anstatt uns einem von außen auferlegten Rhythmus zu unterwerfen, sollten wir unseren eigenen finden und danach leben. Weder Langsamkeit noch Schnelligkeit sind anzustreben, sondern das Tempo, mit dem wir uns wohlfühlen.
- Wenn wir in uns hineinhören, finden wir heraus, welches Tempo uns guttut und welchen Gewohnheiten wir Priorität einräumen sollten.

- Wenn wir lernen, nur eine Sache auf einmal zu tun und uns bei jeder Aufgabe auf das Hier und Jetzt zu konzentrieren, sind wir gelassen und leben im Einklang mit der Welt um uns herum.

Descartes sagt Ja

Oder: Zweifeln, um etwas Neues zu wagen

Seit eineinhalb Jahren stand das Datum fest. Sie haben sich vorbereitet wie auf einen Marathonlauf, haben ein konstantes Tempo angeschlagen und alle Fallen umgangen, die den schönsten Tag Ihres Lebens hätten trüben können. Sie kannten die Menüs der Caterer. Die Musik wurde so ausgewählt, dass sie allen gefällt, sowohl dem Clubbing-Großcousin, als auch dem varietébegeisterten Onkel. Die Tischordnung war ein Musterbeispiel an Diplomatie. Kurzum, Sie waren bereit, in Ihr neues Leben zu springen, ohne Ihre Pumps zu ruinieren. Die Zeit für Ihre Hochzeit war gekommen.

Wie oft haben Sie den Tag X im Kopf durchgespielt? Dann ist er da, Sie schlagen frühmorgens die Augen auf und genießen den Gedanken, dass Ihre Träume nun endlich Wirklichkeit werden. Die Aufregung ist deutlich zu spüren. Überall im Haus werkeln die Handwerker Ihres Glücks herum. Die einen basteln an Blumenarrangements, die anderen bringen weitere Stühle. Sie sind fasziniert von all diesen fleißigen Bienchen. Gleichzeitig betrachten Sie die Szenerie wie von fern und spüren einen leichten Anflug von Kopfschmerzen, wahrscheinlich wegen der Ungeduld.

Ihre beste Freundin kommt in Ihr Zimmer, zusammen mit einer Ankleidedame, einem Visagisten und allen möglichen Accessoires, um Ihnen einen unvergesslichen Look zu verpassen. Sie geben Ihr Gesicht und Ihren Körper ganz in die Hände dieser Virtuosen. Leicht benommen und mit monotoner Stimme beantworten Sie eine Frage nach der anderen. Müdigkeit überkommt Sie. Hätten Sie mal lieber ein Nickerchen gemacht, statt alles auf die Maniküre zu setzen. Ihre Freundin, die Sie so gut kennt, bemerkt Ihre Verwirrung und beginnt, sich Sorgen zu machen: »Geht es dir nicht gut? Keine Sorge, ich schwöre dir, das ist die richtige Nagellackfarbe.« Sie geben vor, ein wenig Lampenfieber zu haben, und um sie zu beruhigen, schwärmen Sie von der tollen Frisur. Doch tief in Ihrem Herzen bricht Panik aus. Was ist bloß los mit Ihnen?

Im Fluss des Programms, das Sie so sorgfältig geplant haben, bleiben Sie selbst passiv. »Du wirst dich dein ganzes Leben daran erinnern, meine Liebe.« – »Kannst du dir das vorstellen? Ihr werdet euch für immer das Ja-Wort geben.« – »Du siehst hinreißend aus, genieße jede Minute!« Die Frauen um Sie herum überbieten sich mit Mutmachsprüchen. Emotionsgeladene Erinnerungen regen sich in Ihnen und konfrontieren Sie mit Ihrem Gewissen: Werden Sie in der Lage sein, all das auch zu empfinden? Wie können Sie sich dessen sicher sein? Wird es Ihnen gelingen, trotz aller Unwägbarkeiten, die Ihnen begegnen werden, die Liebe zu erhalten? Sie fühlen sich fiebrig, Zweifel plagen Sie. Alle scheinen für diese Hochzeit bereit zu sein, nur Sie nicht. Sie machen gute Miene zum bösen Spiel, aber je näher die Zeremonie rückt, umso schwindelerregender wird der Horizont, und umso fester kleben Sie an Ihrem Stuhl. Das Universum um Sie herum verschwimmt. Was, wenn es nicht die richtige Entscheidung war? Es ist fast an der Zeit, nach unten zu gehen und Ja zu sagen. Ein Bekenntnis zum Leben, das Sie bis in die Zehenspitzen lähmt. Was, wenn dieser Weg nicht der Ihre ist? Der Countdown läuft in Ihrem Kopf. Sie schwitzen unter dem Make-up. In Ihrem Kopf lassen Sie noch einmal das Kennenlernen Revue passieren, konzentrieren sich auf die Gefühle, die Sie in der Vergangenheit hatten, und suchen nach dem einen unwiderlegbaren Argument, das Ihnen das unangenehme Gefühl des Zögerns nimmt.

Unfähig, sich zu bewegen, klammern Sie sich an Ihre beste Freundin, die mehr denn je ihre Funktion als Zeugin wahrnehmen muss. Sie gehört zu den Menschen, die sich immer gut entscheiden können, die im Leben vorankommen. Sie haben ihre Entschlossenheit so oft bewundert. In der Vertraulichkeit Ihres Schlafzimmers fängt sie Ihre Angst mit zärtlicher Strenge auf und rüttelt Sie wach, indem sie Sie daran erinnert, dass Sie *einfach nur* dabei sind, den Mann Ihres Lebens zu heiraten: »Du wirst aufstehen, lächeln und losgehen. Möchtest du einen Wodka zum Auflockern? Unten warten alle auf dich.« Diese Worte sind es, die Sie brauchen, mehr noch als einen Muntermacher. Für einen Moment sind Sie allein und wiederholen ihre Worte immer wieder, als würden Sie eine Lektion auswendig lernen. Sie ärgern sich über Ihre plötzliche Verwirrtheit. Wenn das Leben doch nur darin bestünde, den besten Floristen auszuwählen, um die Dekoration zu perfektionieren.

Ein Auto wartet vor dem Haus, das Sie zu den Stufen des Altars bringen wird. Ihre Familie, Ihre Freunde und Ihr zukünftiger Ehemann sind bereits damit beschäftigt, Selfies in ihrer Festtagskleidung zu schießen. Nur Sie fehlen noch, um die Vereinigung zu besiegeln. Sie machen sich auf den Weg zu ihnen und achten darauf, Ihre Schleppe nicht zu beschädigen, doch statt zur Türschwelle führen Sie Ihre Schritte ins Badezimmer. Sie schließen sich ein und verbarrikadieren sich in Ihrer Festung. Der Zweifel hat Sie k. o. geschlagen. Was, wenn sich im Laufe der Zeit herausstellt, dass Ihre zukünftige bessere Hälfte keine Hälfte ist, sondern nur ein Fünftel? Was, wenn das hier der falsche Weg ist? Was, wenn Sie nicht in der Lage sind, sich selbst glücklich zu machen? Ihr Verstand fährt Achterbahn. Es ist nicht die Verpflichtung, die Sie verunsichert – Sie lieben Ihren Partner über alles –, sondern die Tatsache, dass Sie sich nicht sicher sind, wie die nächsten fünfzig Jahre verlaufen werden. Sie flehen das Universum an, Ihnen das ewige Glück zu garantieren, und Sie wünschten, es gäbe eine Notfallhotline für Entscheidungsfindungen.

Wenn Sie darüber nachdenken, müssen Sie sich eingestehen, dass Sie in allen wichtigen Momenten Ihres Lebens gezweifelt haben. Ihre Gefühle verheddern sich, und Sie verlieren den Boden unter den Füßen. Im Gegensatz zu Ihrer besten Freundin gehören Sie zu den Menschen, die auf ihr Herz hören. Sie zittern, werden von Widersprüchen geplagt und fragen sich, ob Ihre Maniküre einer Flucht durchs Fenster standhalten würde. Alles erscheint Ihnen lächerlich, so belanglos im Vergleich zu dem, was in Ihrem Kopf vor sich geht. Die Aussicht, so viele Gäste begrüßen zu müssen, bereitet Ihnen Übelkeit. Am liebsten würden Sie sich im Bett verkriechen und Winterschlaf halten, um dieser Inszenierung, die Sie nicht mehr klar denken lässt, ein Ende zu setzen. Ärgerlich, dass Sie keine Widerrufsversicherung für den Caterer abgeschlossen haben! In Tränen aufgelöst und zusammengekrümmt in Ihrem Prinzessinnenkleid, sitzen Sie in der Sackgasse. Sie brauchen unbedingt einen Plan, sonst ruinieren Sie nicht nur Ihre Frisur, sondern auch Ihr Leben.

Was sagt Descartes dazu?

In keinem biografischen Werk ist überliefert, wie René Descartes sich im Badezimmer einschloss, um einer Hochzeitszeremonie zu entfliehen. Dennoch: In der Kunst des Zweifels ist dieser Philosoph der unangefochtene Meister. Seine Berühmtheit verdankt er vor allem seinem Werk *Abhandlung über die Methode, richtig zu denken und Wahrheit in den Wissenschaften zu suchen,* das darauf abzielt, das Wissen auf sichere Grundlagen zu stellen, um an die Wahrheit zu kommen. Wer könnte Ihnen besser helfen, Ihr Zögern zu überwinden, als ein Experte auf dem Gebiet der Gewissheit?

Was an Ihnen nagt und Ihren hübschen Brautschleier mit Tränen tränkt, ist der Gedanke, dass Sie sich irren könnten. Um den Sprung in Ihr neues Leben zu wagen, brauchen Sie Gewissheit. Sie sehnen sich nach einem Sicherheitsnetz, in dem jedes Risiko zu Staub zerfällt. Von allem, was man Ihnen sagt, lassen Sie sich verunsichern. Bei jeder wichtigen Entscheidung suchen Sie nach einer Methode, die sicherstellt, dass Sie auf einer soliden und stabilen Grundlage voranschreiten.

Das ist auch gut so, denn mit genau dieser Methode beschäftigt sich Descartes, als er 1637 die *Abhandlung über die Methode* veröffentlicht. Sein Ziel ist es, eine harmonische und rational begründete Wissenschaft aufzubauen, die frei von Denkfehlern ist. Wie Sie ist er auf der Suche nach Verlässlichkeit, und das macht es erforderlich, scheinbar selbstverständliches Wissen infrage zu stellen. Er geht von der Möglichkeit aus, dass jeder Mensch, auch ein Mathematiker, Fehler machen kann, sei es aus Unachtsamkeit oder Zeitdruck. Sich mit Zweifeln auseinanderzusetzen eröffnet uns neue Möglichkeiten: Wir können uns auf die Suche nach der Wahrheit begeben, indem wir wirklich unzweifelhafte Aussagen bestimmen, und jenen misstrauen, die uns verwirren. Nur wenn wir dekonstruieren, können wir stabil voranschreiten. Zweifeln ist nicht sinnlos, es bedeutet vor allem, Mittel zu finden, um sich im Denken zu orientieren.

Nicht ganz, würde Descartes antworten. Denn auch wenn der Zweifel für die Errichtung eines wissenschaftlichen Gebäudes unerlässlich ist, macht er uns darauf aufmerksam, dass die Wissenschaft nicht das Leben ist. Leben heißt handeln, sagt er, und Zögern führt allzu oft zur Untätigkeit. Der kartesische Zweifel kann daher nicht in allen Bereichen gelten. Im Bereich der Reflexion ist es legitim, zu zweifeln und nichts zu überstürzen. Das konkrete Leben dagegen ist durch Notsituationen gekennzeichnet, wo die Evidenz ebenso abwesend wie unauffindbar ist – dort wäre eine solche Haltung schädlich, wenn nicht gar fatal. In solchen Fällen rät uns Descartes, es *einfach* zu versuchen. Wir sollten versuchen, ein möglichst glückliches Leben zu führen. Wie können wir das erreichen? Als Hilfe und Begleitung auf unserem Weg verfasst der Philosoph eine »provisorische Moral«, die im dritten Teil der *Abhandlung über die Methode* vorgestellt wird. Er bietet den Leserinnen und Lesern einige Regeln an, die wie Prinzipien wirken und die verirrte Individuen davor bewahren, die Suche nach der Wahrheit mit einer ständigen Unentschlossenheit zu verwechseln.

All diese Prinzipien zielen auf eine möglichst effektive Handlungsweise ab, doch gerade das zweite Prinzip hilft uns am meisten und bezieht sich auch genau auf unseren Fall. Der Philosoph führt hier einen Wanderer an, der sich mitten in einem Wald verirrt hat und sich fragt, wie er wieder herauskommt. Descartes empfiehlt, in dieser Situation so fest und entschlossen wie möglich zu sein. Der Zwang, handeln zu müssen, bringt uns dazu, eine Richtung zu wählen. Selbst wenn wir angesichts der gewählten Option zweifeln, ist es wichtig, an ihr festzuhalten und uns nicht ständig wieder umzuentscheiden, da wir uns sonst wirklich ganz und gar verirren. Es geht nicht darum, blindlings loszustürmen, sondern darum, sich zum Handeln zu entschließen, um sich nicht im Kreis zu drehen. Für Descartes hat der Entschluss keine negative Konnotation, sondern ist die Lösung bei Untätigkeit. Die Vernunft weiß nicht, welcher Weg der beste ist, aber sie kann garantieren, dass ein Wanderer, der sich in einem Wald verirrt und ständig seinen Weg ändert, niemals den Weg hinaus finden wird. Jemand, der den richtigen Weg nicht kennt, sich aber für einen Weg entscheidet und dann daran festhält, hat eine gute Chance, aus dem Wald herauszukommen, ist der Weg auch beschwerlich und manchmal mit Hindernissen gespickt. Auf diese Weise kommt der Wanderer am Ende wenigstens überhaupt irgendwo an, wo es ihm immer noch besser geht als mitten im Wald.

Zurück zu Ihrem konkreten Problem: Sie sind in Ihrer Angst gefangen und wissen nicht, ob Ihre Ehe glücklich verlaufen wird. Aber Sie haben ohnehin keine Möglichkeit, es im Voraus zu wissen. Keine Kristallkugel und kein Kaffeesatz kann Ihnen versichern, dass die nächsten Jahre wunderbar sein werden. Sie müssen ein Risiko eingehen und mit der Ungewissheit leben. Was jedoch sicher ist: Wenn Sie im Bad eingesperrt bleiben, wird die Zukunft nicht automatisch rosig, und wenn Sie bei jeder Bewegung den Kurs ändern, auch nicht. Descartes' Aufruf, entschlossen und beständig zu handeln, ist umso relevanter, als er sich nicht auf eine einzige Entscheidung konzentriert. Das ganze Leben ist ein Wald, und wir müssen lernen, uns darin zurechtzufinden. Ihre Hochzeit ist ein Baum unter vielen. Ein Schritt, durch den Sie sich weiterentwickeln, egal, wie es weitergeht. Wohin wollen Sie gehen? Das ist die einzige Frage, die Sie laut Descartes beantworten müssen.

Der berühmte kartesische Zweifel muss also nuanciert werden. Während die Wissenschaft davon profitiert, wird das praktische Leben dadurch geschwächt. Sie laufen Gefahr, sich auf der Suche nach einer trügerischen Gewissheit zu erschöpfen. Trocknen Sie also Ihre Tränen, vertrauen Sie sich selbst und blicken Sie nach vorn. Selbst im tiefsten Wald werden Sie Ihre Lichtung finden.

Ein paar Zeilen zu Descartes (1596–1650)

René Descartes wurde am 31. März 1596 in La Haye-en-Touraine als drittes Kind geboren. Seine Familie gehörte dem niederen Adel an. Wie seine Mutter, die Tochter eines Arztes, hatte der junge Mann eine schwache Gesundheit und musste sich ständig schonen. Als Descartes im Alter von elf Jahren in das Jesuitenkolleg eintrat, wurden seine blasse Hautfarbe und sein anhaltender Husten zu einem Vorteil: Man befreite ihn von der Fünf-Uhr-Messe. Später fand er sich ohne großes Interesse damit ab, in Poitiers Jura zu studieren, doch sein Hunger nach Abenteuern und Entdeckungen holte ihn ein. Er träumte davon zu reisen. Mit einundzwanzig Jahren trat er freiwillig in die niederländische Armee ein, doch dort, unter Menschen, mit denen er sich nicht anfreunden konnte, weil sie ihm ignorant vorkamen, fühlte er sich unbehaglich. Zufällig lernte er Isaac Beeckman kennen, der sich für die wissenschaftlichen Arbeiten seiner Zeit begeisterte. Im Gespräch mit ihm nahm die Idee Gestalt an, die mathematische Gewissheit auf das gesamte Wissen auszudehnen. Descartes reiste nach Deutschland und Italien, während er Frankreich, das ihn kaum inspirierte, nur durchquerte. 1633 beendete er die Arbeit an der naturphilosophischen Abhandlung *Die Welt oder Abhandlung über das Licht*, wo er die Theorie der

Erdrotation unterstützte. Im selben Jahr wurde Galileo Galilei wegen einer ähnlichen These verurteilt. Um Kontroversen zu vermeiden, verzichtete Descartes auf die Veröffentlichung. Im Juni 1637 schrieb er die *Abhandlung über die Methode* und 1641 die *Meditationen über die Grundlagen der Philosophie.* Innerhalb weniger Monate starben sein Vater und dann auch seine Tochter, die er mit einem Dienstmädchen hatte. Die tiefe Trauer konnte auch durch seine philosophische Arbeit nicht gelindert werden. 1649 reiste Descartes auf Einladung von Christine von Schweden nach Stockholm, doch die kalten Temperaturen schwächten ihn, sodass er am 11. Februar 1650 einer Lungenentzündung erlag. Descartes hinterließ die Grundlagen der modernen Philosophie.

Das Buch für den Krisenfall

Abhandlung über die Methode, richtig zu denken und Wahrheit in den Wissenschaften zu suchen

Dieses Buch wurde 1637 von René Descartes anonym veröffentlicht und sollte den Wissenschaften eine neue, solide Grundlage bieten, die den technischen Fortschritt förderte. Darüber hinaus entwickelte er darin eine Methode zur Fehlervermeidung und eine Philosophie des Zweifels.

Der berühmte Satz »Ich denke, also bin ich« dient Descartes als erstes Prinzip. Um seine Methode einer Neubegründung der Wissenschaften umzusetzen, liefert er vier Regeln der Problemlösungsstrategie. Er führt aber auch die »provisorische Moral« an, die auf der Suche nach Wahrheit erst einmal auf Abwägen und Vorantasten beruht.

Philosophie hilft!

- In der Wissenschaft ist der Zweifel positiv besetzt. Er ermöglicht es, das Wissen auf soliden Grundlagen aufzubauen, indem die Methode des Überprüfens angewandt wird.
- Im Alltag führt der Zweifel oft zu Untätigkeit. Wenn wir ständig zögern, tun wir am Ende gar nichts mehr, weil es keine Methode gibt, mit der wir uns sicher entscheiden können.
- Um uns nicht von Zweifeln lähmen zu lassen, ist es besser, darüber nachzudenken, wie wir unser Leben führen möchten, und diesem Weg treu zu bleiben.

Foucault rebelliert

Oder: Die Eroberung der eigenen Freiheit

Ihre Bewerbung war nichts als eine Flaschenpost, hektisch und unsicher hinausgeworfen in die stürmische See der Arbeitssuche. Als Sie dann einige Wochen später per Mail zum Vorstellungsgespräch eingeladen wurden, vollführten Sie ein Freudentänzchen vor dem Bildschirm. Wie Sie dieser erste Schritt gefreut und motiviert hat! Das war die reale Chance auf Ihren Traumjob, und Sie waren bereit, nun alles dafür zu tun.

Sie bereiteten sich auf das Gespräch vor wie ein Fußballer auf dem Weg zum WM-Finale, haben die gesamte Firmengeschichte durchgeackert, die Herausforderungen des Marktes auswendig gelernt und ganze Ordner über den Werdegang jenes Mannes gesammelt, der vielleicht Ihr Chef werden könnte. Wie toll Sie dieses Wort fanden! »Chef«. Sie sprachen es laut aus und waren bereit, sich einem neuen Stamm anzuschließen, einer privilegierten Kaste, in der Sie endlich Ihren Platz finden würden. Kein Detail Ihrer Kleidung war dem Zufall überlassen, Sie wollten zeigen, dass Sie die gesellschaftlich diktierten Codes beherrschen.

Als Sie das große Büro betraten, klopfte Ihr Herz wie

wild. Sie fanden ihn sofort faszinierend. Ein fester Händedruck, ein durchdringender Blick, ein gut sitzender Anzug und eine Uhr als unübersehbare Visitenkarte. Dieser Mann verkörperte Ehrgeiz, Anstrengung und Erfolg. Diesem Trio wollten auch Sie huldigen, und Ihr Chef sollte Ihr Mentor werden. Mit jeder Antwort versuchten Sie zu sagen, wie unfassbar heiß Sie auf den Job waren. Sie achteten auf die Wirkung Ihrer Worte, kontrollierten Ihren Tonfall und versteckten Ihre schwitzigen Hände. Als er Sie fragte, ob Sie sich den Herausforderungen des Jobs gewachsen fühlten, antworteten Sie fast atemlos und voller Ungeduld: »Ich werde alles tun, was Sie von mir verlangen!« Ihre Hingabe entsprach genau Ihrem Wunsch und Ihrer Bewunderung. Und tatsächlich wurden Sie in die heiligen Reihen aufgenommen.

Am Anfang waren Sie ganz und gar zufrieden. Welch ein Luxus, Zeit an der Seite des idealen Arbeitgebers zu verbringen, der sich seine Stellung durch vollen Einsatz und gute Geschäfte erarbeitet hatte! Bei Teambesprechungen waren Sie immer wieder von seiner Initiative, seinem Wissen und seinem Mut beeindruckt. Was für ein Glück es doch war, für ihn arbeiten zu können. Natürlich fanden Sie es ein bisschen merkwürdig, dass Sie die Tür zu Ihrem Büro nicht schließen durften und dass Sie, durch Glaswände Ihrer Privatsphäre beraubt, gar überwacht wurden. Aber Sie erklärten es sich damit, dass es zu mehr Geselligkeit führen sollte.

Ein gutes Wort von Ihrem Mentor genügte, um Ihren Arbeitswillen zu vervielfachen. Sie blieben immer länger im Büro, ließen Mahlzeiten ausfallen und konnten sich in nichts anderes mehr hineindenken als in Ihre Akten. Nach und nach beschlich Sie immer stärker das Gefühl, sich unter den stetig steigenden Anforderungen Ihres Vorgesetzten aufzulösen – und trotzdem fanden Sie es immer noch toll. Das lag wahrscheinlich daran, dass man an Sie glaubte. Sie waren sehr fleißig, denn bei einem Fehler würde Ihr Vorgesetzter der Erste sein, der vor versammelter Mannschaft auf Ihre Inkompetenz hinwies. Sie hatten schon mehrmals erniedrigende Kritik abbekommen, aber das war Ihre eigene Schuld gewesen – Sie hätten eben genauer arbeiten und sich mehr Fachwissen aneignen müssen. Jeder im Büro nannte Sie übrigens gerne »Junior« und markierte damit die Grenze, die Sie erst noch überschreiten mussten. Wenn Ihr Umfeld sich gelegentlich Sorgen machte, Ihr Rücken könnte bald unter der Aufgabenlast brechen, spielten Sie alles mit einem Witz herunter.

Nach ein paar Monaten hatten Sie sich in einen braven kleinen Soldaten verwandelt. Fügsamkeit war Ihr bester Kollege geworden. Besprechungen um 7 Uhr morgens, die ständige Kontrolle Ihres E-Mail-Postfachs, SMS am Wochenende, Ermahnungen, weil Sie nicht vorhergesehen hatten, dass das Kopierpapier ausgehen würde, ständiges Eindringen in Ihren Arbeitsbereich, lange Strategiesitzungen, in denen Ihre Ideen verspottet wurden etc. Das alles war zwar anstrengend, aber Sie haben es hingenommen, weil Sie wussten, dass diese Vorgänge nichts mit Ihnen zu tun hatten. Nein, sie kamen von außen, von einem System, das notwendig war, wenn das Unternehmen wachsen wollte. Ständig fühlten Sie sich bewertet. Immer wieder sagten Sie, Erfolg habe nun mal seinen Preis. Sie stellten sich keine Fragen. Ihr Mangel an Freiheit und Autonomie war kein Thema mehr, da Sie keine andere Wahl hatten, als den täglichen Notstand zu bewältigen. Sie hatten sich mit ganzer Seele diesem Beruf verschrieben, ohne zu merken, dass diese Seele nun dem Teufel gehörte.

Doch heute Morgen hören Sie Ihrem Chef zu, wie er Ihnen eine Reihe neuer Befehle erteilt, von denen einer unmöglicher umzusetzen ist als der andere. Und plötzlich finden Sie, dass er an Glanz verloren hat. Diesmal ist es zu viel. Als er Ihnen diese heikle Akte übergibt, die Sie so schnell wie möglich »in Ordnung bringen« sollen, kommt die Wahrheit ans Licht: Sie erkennen, dass es sich nicht um eine dringende Notsituation handelt, sondern darum, ihm seine Arbeit abzunehmen, auch wenn Sie dafür Ihre Zeit, Ihre Moral und Ihre Ideale opfern müssen. Sie haben ihn immer beschützt und jede Laune dadurch gerechtfertigt, dass er eben ein Erfolgstyp ist. Aber dieses ständige Weiterbuckeln hat schließlich dazu geführt, dass Sie doch zusammengebrochen sind. Ihr Traumjob hat sich in dieser ganzen Misere aufgelöst. Sie wissen nicht mehr, was Sie tun sollen, Ihnen sind Hände und Beine gebunden, Sie sind gefangen in Ihrem Gehorsam. Sie stehen starr vor seinem strengen Blick, seinem protzigen Anzug und seiner auffälligen Uhr. Doch obwohl Sie ihn lächerlich finden, kann er immer noch ein Druckmittel gegen Sie einsetzen – nämlich Ihre Angst, seinen Anforderungen nicht gewachsen zu sein. Indem er seine Macht zum Zwang einsetzt, hat er Sie in ein schreckliches Dilemma gebracht: Schweigen und sich wieder einmal verleugnen – oder sich auflehnen, um Freiheit wiederzuerlangen, auch auf die Gefahr hin, den Job zu verlieren.

Was sagt Foucault dazu?

Michel Foucault ist eine Galionsfigur des Protests. Unermüdlich stellte er sich gegen die etablierten Strömungen und ist somit der perfekte Begleiter unserer Revolte. In seiner kritischen Arbeit beschäftigt er sich mit Themen wie der Sexualität, dem Wahnsinn oder dem Gefängnis. Seine Lebenserfahrung floss ebenso mit ein wie sein Engagement. Er war provokant und militant, hat alle Facetten der Macht erforscht und versucht, Denkgewohnheiten zu erschüttern. Vor allem wollte er herausfinden, was wir brauchen, um ungehorsam zu sein.

Was steht im Mittelpunkt Ihrer schmerzhaften Erfahrung am Arbeitsplatz? Es ist der Gehorsam. Sie fühlen sich gefangen, weil Sie die Macht, die Ihr Chef von der ersten Sekunde an auf Sie ausgeübt hat, als zumutbar akzeptiert haben. Die Bewunderung, die Sie ihm entgegengebracht haben, und Ihre Entschlossenheit, erfolgreich zu sein, haben Sie in den Abgrund des Machtmissbrauchs gestürzt. Im Lauf der Monate haben die Glaswände nur die nackte Wahrheit enthüllt: Sie hatten sich damit abgefunden und waren dazu verurteilt, absurde Befehle zu befolgen. Aber wieso waren Sie so gefügig?

Anstatt unser Verhalten zu beurteilen, ist das Prinzip von Michel Foucault das ständige Hinterfragen. Es liegt ihm fern, eine Moralpredigt zu halten, die nichts mit unseren Erfahrungen zu tun hat. Im Gegenteil, sein Bestreben ist es, die Fakten zu analysieren und die Realität zu erfahren, anstatt sie zu theoretisieren. Seine Arbeitsweise macht ihn zu einer Art Archäologe. Foucault versteht sich als »Diagnostiker«, der einen genealogischen Ansatz verfolgt, das heißt, in die Vergangenheit zurückzublicken, um die Gegenwart zu verstehen. Dieser Umweg ermöglicht es ihm, dem gegenwärtigen Erleben einen Sinn zu geben. Um das Konzept des Gehorsams zu verstehen, wird er versuchen, die Geschichte der Disziplinarmethoden nachzuvollziehen und sich fragen, mit welchen Mitteln die Menschen zum Gehorsam gebracht werden.

In seinem 1975 erschienenen Hauptwerk *Überwachen*

und Strafen stellt sich Foucault dieser Frage mehr denn je. Er konzentriert sich hier vor allem auf die Hochburg des Gehorsams, die Gefängnisse, und untersucht deren Organisation im Laufe der Jahrhunderte. Er befasst sich aber auch mit anderen Institutionen wie Krankenhäusern, Schulen etc. Und obwohl er nicht konkret das Büroleben analysiert, gehört es ebenfalls zu seinem Themenfeld, denn was ihn im Allgemeinen beschäftigt, ist eben die »Disziplinargesellschaft«. Deren Elemente, die er bei der Beobachtung von Gefängnissen entdeckt, finden sich auch in anderen Bereichen wieder.

Einer der Punkte betrifft den Raum und die Sichtbarkeit. Foucault stellt fest, dass unsere Gesellschaft keine Gesellschaft des Spektakels ist, sondern eine der Kontrolle und Überwachung. Die Tatsache, dass die Tür zu Ihrem Büro offen und die Wände verglast sind, beraubt Sie ganz nebenbei jeglicher Privatsphäre. Indem Ihr Chef ständig sichtbar ist, vermittelt er Ihnen das Gefühl, immer Macht über Sie zu haben, auch wenn er nicht direkt bei Ihnen ist. Sie können seinen Blicken unmöglich entgehen – es sei denn, Sie verstecken sich unter dem Schreibtisch. Was auch immer Sie tun, Sie werden dabei beobachtet. Doch das ist noch nicht alles. Sie buckeln auch deshalb, weil Ihr Chef in Ihren Augen eine Macht besitzt, die Sie nicht haben. Sie denken, seine Position sei für Sie unerreichbar. Sie fühlen sich zutiefst geschmeichelt, dass Sie ausgewählt wurden, und sind fasziniert von seinem Wissen, das Sie für viel größer halten als Ihres. Ihr Vorgesetzter stellt Regeln, Bewertungen und Anforderungen auf, denen Sie sich nicht mehr entziehen können, weil Sie glauben, dass an Ihrem Gehorsam gemessen wird, ob Sie ein guter Mitarbeiter sind. Dabei dienen all diese Regeln nur dazu, Sie auf dem Platz des »Junior« zu halten, ohne dass Sie es merken.

Aber Vorsicht: Obwohl Foucault in die Vergangenheit blickt, um die Gründe für unseren Gehorsam zu erklären, und uns nicht deshalb verurteilt, sieht er uns trotzdem in der Verantwortung. In seinen Überlegungen werden wir zum Akteur unserer Revolte. Wenn die Überwachung und die Inszenierung von Macht bei uns wirken, bedeutet das, dass wir ihnen in irgendeiner Form zustimmen, dass wir sie bejahen. Es ist die Vorstellung, dass dieser Ablauf – so schmerzhaft er auch ist – und dieser übergriffige Vorgesetzte uns im Grunde entsprechen, dass wir beides brauchen und dass wir so zu braven kleinen Soldaten werden. Die Herausforderung besteht darin, mithilfe derselben Werkzeuge, mit denen unser Gehorsam erschaffen wurde, auch die Säulen unserer Rebellion zu errichten, sobald diese Werkzeuge enthüllt sind. Solange sie vom System geschickt verschleiert waren, war es schwer, sich ihm zu entziehen. Jetzt aber sind Ihre Augen geöffnet, und es gibt Mittel und Wege. Haben Sie verstanden, dass nichts an diesem Machtmissbrauch zu Ihrem Erfolg beiträgt? Dann ist es verwerflich, wenn Sie dennoch weiterhin Akten bearbeiten und sich selbst schwächen. Die

Feinde des Gehorsams sind das Bewusstsein und die Freiheit. Es liegt an Ihnen, sie zu mobilisieren, und zwar in allen Lebensbereichen. Ohne gleich Ihrem Chef die Tür vor der Nase zuzuschlagen und Ihren Job zu kündigen, könnten Sie ihm erst einmal zeigen, dass Sie nicht mehr auf seine Tricks hereinfallen. Ein klares und höfliches Gespräch ist eine Möglichkeit, sich mit sich selbst zu versöhnen. So können Sie zeigen, dass zwischen Ihnen und ihm ein ausreichender Sicherheitsabstand besteht, damit er Sie nicht mehr unterdrücken kann. Die Tür ist offen? Es ist an Ihnen, sie zu schließen.

Ein paar Zeilen zu Foucault
(1926–1984)

Paul-Michel Foucault wurde 1926 in Poitiers in eine Arztfamilie hineingeboren. Er zeigte früh ein Talent für die Literatur und enttäuschte seinen Vater, als er eine medizinische Laufbahn ablehnte. Kurz vor dem Abitur entdeckte er die Philosophie und besuchte eine Vorbereitungsklasse am Lycée Henri-IV in Poitiers. Da er seine Heimatstadt aber als erdrückend empfand, ging er nach Paris, um dort – ebenfalls am Lycée Henri-IV – abermals eine Vorbereitungsklasse zu absolvieren. Er wurde in die École Normale Supérieure aufgenommen, doch die Beziehung zu seinen Klassenkameraden gestaltete sich schwierig. Er wirkte unnahbar, aggressiv und überheblich, wurde von Versagensängsten geplagt und lebte seine Homosexualität unter Schuldgefühlen aus. Sein Suizidversuch im Jahr 1948 verdeutlicht sein Leiden. Er entschied sich dennoch, seine Agrégation (die Zulassungsprüfung für die oberen Posten in Schulen der Sekundarstufe) bestehen zu wollen und stürzte sich in die Vorbereitung, indem er sowohl klassische Philosophie als auch Literatur las. Nachdem er dieses Examen in der Tasche hatte, wandte er sich der Psychologie zu und beschloss, eine Doktorarbeit über den Wahnsinn zu schreiben. Foucaults Erfolgsgeschichte begann nach seiner Rückkehr nach Frankreich von einem Auslandsaufenthalt. Mit dem Erscheinen eines seiner Hauptwerke *Die Ordnung der Dinge* (1966) wurde er zu einem führenden Intellektuellen. In diesem Text propagiert er provokativ den »Tod des Menschen« und argumentiert, dass der Mensch weder ein Subjekt noch ein Objekt der Erkenntnis sei. Als Professor an der Universität Tunis engagierte sich Foucault politisch an der Seite der Studenten, die Palästina unterstützten – eine Erfahrung, die für ihn grundlegend werden sollte. 1969 nahm er in Vincennes an der Gründung einer neuen experimentellen Universität teil, die sich zu einer Hochburg der extremen Linken und einem Ort des studentischen Kampfes entwickelte. Er wehrte sich aktiv, sogar mit Wurfgeschossen, gegen die CRS, eine Spezialeinheit der französischen Nationalpolizei, hatte aber bald genug von dem Chaos. 1970 wurde er auf den Lehrstuhl »Geschichte der Denksysteme« am Collège de France berufen. Foucault pflegte seinen Nimbus. Den Kopf kahlgeschoren fuhr er im Jaguar ins Seminar und trug in seinen stets überfüllten Vorlesungen Rollkragenpullover. Er setzte sein politisches Engagement fort, indem er eine Informationsgruppe über Gefängnisse gründete und sich unermüdlich für die Gefangenen und eine Verbesserung ihrer Haftbedingungen einsetzte. Jede seiner Veröffentlichungen war ein großes Ereignis, da seine Themen die Gesellschaft spalteten und bewegten. Er reiste nach Japan und später in die USA, wo ihn viele Entdeckungen erwarteten – unter anderem tanzte er zu elektronischer Musik und probierte verschiedene Drogen aus. Ab 1983 war er über Monate sehr geschwächt, bis er am 25. Juni 1984 an den Folgen von Aids starb. Es war das verfrühte Ende eines an Erfahrungen reichen Lebens.

Das Buch für den Krisenfall

Überwachen und Strafen. Die Geburt des Gefängnisses

In dem 1975 erschienenen Buch zeichnet Michel Foucault die Entstehung des Gefängnisses im 18. Jahrhundert nach, einer Epoche, die als Wendepunkt für die Veränderung der

Machtverhältnisse gilt. Über seine historische Gelehrsamkeit hinaus wirft das Buch Fragen zu den Prinzipien der Disziplinargesellschaft auf, in der wir nach Ansicht des Autors leben.

Philosophie hilft!

- Einer Person zu zeigen, dass sie ständig überwacht wird, bedeutet, sie ihrer Freiheit und Privatsphäre zu berauben. Es ist eine Art, sie zu schwächen.
- Ein Machtverhältnis bedeutet, dass man einer Person die Fähigkeit zuschreibt, uns Regeln und Verpflichtungen aufzuerlegen. Wir halten sie für überlegen, also akzeptieren wir, dass sie uns beherrscht.
- Ungehorsam zu sein bedeutet nicht, jemanden zu enttäuschen oder vom rechten Weg abzuweichen, sondern zu verweigern, dass jemand Macht über uns ausüben kann. Es bedeutet, dass wir unsere Freiheit behaupten.

Sartre mit Sahne

Oder: Die Hölle, das ist die Scham

Sie achten Traditionen und legen großen Wert darauf, dass sie eingehalten werden. Diesmal ging es darum, wie jedes Jahr zusammen mit Ihren Freundinnen – *den Unzertrennlichen* – ein paar Tage zu verbringen. Ein ganz spezielles Ritual, das es unbedingt aufrechtzuerhalten galt. Sie kannten sich aus Schulzeiten, waren damals fünf ziemlich unterschiedliche Mädchen, die sich super verstanden. Der Funke war sofort übergesprungen, und wie durch ein Wunder hatten Sie eine selbst gewählte Familie gegründet. Seitdem haben Sie viel gemeinsam erlebt und durchgemacht: vor den Eltern verheimlichte Treffen, Liebeskummer, die Wahl der Studienfächer, die schier unendlichen Praktika, die erste Wohnungseinrichtung etc. Als die Erste aus der Gruppe auf die dreißig zuging, war es, als würden Sie alle ein neues Jahrzehnt begehen, und Sie wollten sie unbedingt überraschen. Dieses von Ihnen geplante Wochenende sollte zu einem absoluten Kultmoment in Ihrer persönlichen Freundinnenmythologie werden.

Sie sind ein Naturtalent in Sachen Terminorganisation, deshalb haben Sie die Planung in die Hand genommen und versucht, es allen recht zu machen. Mittlerweile haben Sie und Ihre Freundinnen selbstverständlich ganz verschiedene Wege eingeschlagen und sich unterschiedlich entwickelt. Hin und wieder hat das zu Diskrepanzen zwischen Ihren Lebensstilen und Vorstellungen geführt, aber Sie waren fest davon überzeugt, dass genau das den Reichtum Ihrer Freundschaft ausmachte: ein steter Aufruf zu Toleranz und Anpassung. Doch dieses Mal fiel die Einigung auf einen Ort für das Geburtstagswochenende etwas schwieriger aus als erwartet. Insbesondere eine Freundin lehnte alle Ihre Vorschläge sehr schnell ab. Wegen ihrer Allergien durfte die Unterkunft nicht auf dem Land sein, am Meer war es ihr zu voll und das Ausland zu teuer. So schnell ließen Sie sich den Wind aber nicht aus den Segeln nehmen, immerhin wurden Sie von den anderen dafür gelobt, wie wacker Sie sich schlugen. Dennoch waren Sie erstaunt, denn bis dahin war Ihnen nicht aufgefallen, dass diese eine Freundin so anspruchsvoll sein konnte.

Heute Morgen kommen Sie nach einer langen Fahrt am Ziel an und zucken leicht zusammen, als Sie hören, wie diese Freundin sich über das Hotel beschwert: »Für den Preis ist es doch wirklich nicht besonders! Und außerdem ist die Klimaanlage zu stark eingestellt, oder?« Sie gehen nicht darauf ein und schieben es auf die Müdigkeit. Zum Glück ist die Königin des Tages gut gelaunt und lässt Sie alles vergessen. Für das Mittagessen haben Sie einen paradiesischen Ort ausgewählt, und Sie freuen sich schon auf die erstaunten Gesichter Ihrer Jugendfreundinnen, wenn sie die Aussicht sehen. Sie haben dann auch alle ein Lächeln auf den Lippen, bis auf die eine, die meint, die Terrasse nebenan habe eine bessere Aussicht. Die anderen bemerken Ihre Verärgerung und weisen sie darauf hin, dass sie ein wenig übertreibt, aber Sie schweigen lieber, damit keine weiteren Kommentare diesen besonderen Moment stören. Sie sind schließlich gekommen, um sich zu freuen und zu feiern.

Am Nachmittag behauptet sie plötzlich, sie habe Kopfschmerzen, und will nicht an der Aktivität teilnehmen, die Sie schon vor langer Zeit gebucht haben. Sie finden das schade, möchten aber nicht zugeben, dass Sie ihr Verhalten zunehmend irritiert. Diese Gruppe von Freundinnen ist Ihnen heilig, Sie wollen nicht schlecht über eine von ihnen denken, ganz gleich, wie seltsam sie sich benimmt. Der Tag nimmt seinen Lauf mit viel Lachen, kleinen Abenteuern und guten Gesprächen, aber immer wieder stichelt die eine Freundin und beschwert sich. Der Kaffee ist ihr zu stark, die Spiele zu dumm, die Massage nicht so gut wie die, die sie letzte Woche hatte. Mit der Zeit erinnern Sie sich immer deutlicher daran, dass sie auch früher oft die Spielverderberin war. Ihr Verstand hatte beschlossen, Ihre Erinnerung zu zensieren, damit das idyllische Bild, das Sie sich von Ihrer Clique gemacht haben, nicht getrübt wird. Die anderen scheinen sie erträglich zu finden, also ist es an Ihnen, den Mund zu halten und das Gleiche zu tun.

Doch schon beim Frühstück nach der Party beginnt Ihre Selbstbeherrschung zu bröckeln. Diesmal ist das Gebäck angeblich zu trocken und der Saft zu süß. Sie können nicht mehr, Sie müssen sich unbedingt etwas Erleichterung verschaffen. Da Sie keinen peinlichen Streit vom Zaun brechen und alle in Verlegenheit bringen wollen, entscheiden Sie sich für Diskretion und Vertraulichkeit. Also schnappen Sie sich Ihr Handy und schreiben eine Nachricht an die anderen Mädels aus der Chat-Gruppe, in der Hoffnung, bis zum Ende des Tages ein wenig Trost zu finden: »Ich kann nicht mehr, sie ist so zickig und egoistisch! Kann sie nicht einfach mal die Klappe halten, statt ständig alles zu kritisieren?« Sie drücken auf »Senden«.

Als Sie merken, dass Sie sich bei den Nummern vertan haben, ist es schon zu spät. Die Freundin, über die Sie sich beschweren, ist unter den Empfängerinnen. Sie fühlen sich, als hätte Ihnen jemand eine Sahnetorte ins Gesicht geworfen. Als die nervige Freundin Ihren Namen auf dem Bildschirm aufploppen sieht, fragt sie laut, warum Sie ihr denn schreiben. Ihr Herz und Ihr Atem setzen kurz aus. Sie überlegen, was Sie tun sollen – aufspringen und ihr das Handy aus der Hand reißen? Es in den Pool werfen und sie so am Lesen hindern? Sie denken an tausend raffinierte Ausreden, die Sie liefern könnten. Sie wollen alles abstreiten oder behaupten, Sie hätten sich einen Scherz erlaubt, um sie auf den Arm zu nehmen. Aber tief in Ihrem Inneren wissen Sie, dass nichts davon realistisch ist. Während die

Sekunden vergehen, bahnt sich die Scham ihren Weg und überschüttet Ihren ganzen Körper. In diesem Gefühlschaos nehmen Sie kaum wahr, wie sie reagiert, als sie die Nachricht laut vorliest. Mit jeder Silbe werden Sie immer röter.

Am Tisch macht sich Todesstille breit, und alle starren Sie an. Die heißgeliebte und geschätzte Freundinnenbande konfrontiert Sie mit Ihren Gefühlen und Taten, als säßen Sie auf der Anklagebank. Sie gehen durch die Hölle. Die anderen waren zwar Ihrer Meinung, was diese eine Freundin anging, aber plötzlich verkehren sich die Rollen: Sie sind nun die Schuldige, die Schnepfe, diejenige, die einen freudigen Tag zerstört hat. Feige haben Sie Ihrer Gereiztheit nachgegeben und wollten hintenherum über die Freundin lästern, anstatt ihr Ihren Unmut direkt ins Gesicht zu sagen. Wie versteinert denken Sie an all die Momente zurück, in denen Sie von Scham überwältigt wurden: die katastrophale Theateraufführung in der Grundschule, bei der Sie Ihren Text vergessen hatten, der Moment, in dem Sie den Namen Ihres Ex und Ihres neuen Geliebten verwechselt haben, das eine Mal, als Ihr Chef herausgefunden hat, dass Sie falsche Angaben zu Ihrer Ausbildung gemacht haben … Sie lassen den Film Ihrer Schamgefühle immer wieder vor Ihren Augen ablaufen. Wie kommen Sie dieses Mal davon? Wie können Sie nun weitermachen? Wie wäre es, den Gedanken anzunehmen, dass Ihr Fauxpas nur eine Offenbarung war? Es ist an der Zeit, sich bewusst zu machen, was aus Ihrer Freundschaft geworden ist.

Was sagt Sartre dazu?

In der Geschichte der Philosophie ist nicht überliefert, ob sich Jean-Paul Sartre ab und zu mal einen Fauxpas geleistet hat. Sicher ist jedoch, dass er sich im Laufe seines Lebens und auf seinen Wegen durch Saint-Germain-des-Prés mehr als einmal geschämt haben muss. Jedenfalls genug, um in seinem Hauptwerk *Das Sein und das Nichts* von 1943 den Begriff der Scham zu analysieren. Der Philosoph beschäftigt sich darin unter anderem mit den Mechanismen der Scham und zeigt, wie sie sich in unserer Beziehung zu anderen Menschen offenbart. Es gibt nichts Besseres als diese Ausführungen, um zu verstehen, was es mit unserer Verlegenheit auf sich hat.

Das Unerträgliche an Ihrer Situation ist, die tadelnden Blicke Ihrer Freundinnen zu spüren. Dieses Wochenende sollte perfekt sein, eine Hommage an die gemeinsame Vergangenheit, und Sie sind diejenige, die es mit Ihrem falschen Geläster ruiniert hat. Durch Ihren Fauxpas gerät die lästige Freundin aus dem Blickfeld. Sie fühlen sich entblößt und Urteilen ausgesetzt. Gerade haben Sie sich eine Sahnetorte eingefangen, nun tropft sie Ihnen vom Gesicht, und Sie können sich nicht mehr verstecken.

Genau dieser Prüfung durch die Blicke der anderen widmet Sartre seine Überlegungen. Er beschreibt sehr scharfsinnig, was unter diesen Umständen geschieht: »(...) mein

Sündenfall ist die Existenz des anderen; und die Scham ist – wie der Stolz – die Wahrnehmung meiner selbst als Natur (…).« Was der Philosoph als »Sündenfall« bezeichnet, ist der Moment, in dem das Gegenüber die Position eines Beobachters einnimmt, um uns zu durchleuchten. Egal, ob dieser Blick streng oder sanft ist, wir fühlen uns unwohl, stehen im Scheinwerferlicht und werden zur Zielscheibe von Kommentaren. In diesem Moment werden wir aus unserer Ruhe, ja aus uns selbst herausgerissen. Wir existieren dann außerhalb von uns selbst und werden für den anderen zum Objekt: das Objekt seines Blicks, seiner Betrachtung, seines Urteils. Sich als Objekt zu fühlen, objektiviert zu werden ist nicht leicht auszuhalten. Uns wird dadurch eine Form der Freiheit genommen – und zwar die Freiheit, mit uns selbst allein zu sein. Solange Sie dachten, Ihre Freundin sei unausstehlich, und dieser Gedanke nur in Ihrem Kopf war, brauchten Sie sich nicht zu rechtfertigen. Jetzt müssen Sie sich der ganzen Gruppe stellen. Sartre erinnert uns daran, dass Scham in erster Linie Scham vor jemandem ist, denn ohne Zuschauer gibt es keine Scham.

Daher ist es verständlich, dass Scham, ebenso wie Stolz, in jenen Momenten entsteht, in denen andere uns nicht nur beobachten, sondern uns vor allem bewusst machen, wer wir sind und was wir denken. Wenn wir uns schämen, dann tun wir es, weil wir wahrnehmen, wie andere Menschen uns sehen, und weil uns dieser fremde Blick dazu zwingt, uns selbst klarer zu sehen. Bei Sartre wird der andere zu einer Art Vermittler, der uns einen Spiegel vorhält, in dem wir uns notgedrungen betrachten müssen. Die Blicke Ihrer Freundinnen nach dem Lesen dieser unglücklichen Textnachricht zwingen Sie dazu, sich mit dem auseinanderzusetzen, was Sie seit Beginn des Wochenendes fühlen. Diese Krisensituation zwingt Sie, sich die richtigen Fragen zu stellen. Möchten Sie diese Freundin behalten? Was ist im Lauf der Jahre aus Ihrer Beziehung geworden? Hätten Sie direkt mit ihr über Ihre Verärgerung sprechen sollen? Sich zu schämen bedeutet, sich am liebsten verstecken zu wollen, es ist aber auch ein Sprungbrett, um sich notwendigen Fragen zu stellen. Was die Momente angeht, in denen Sie sich früher geschämt haben, können Sie sich fragen: Hatten Sie damals in der Grundschule überhaupt Lust, bei dieser Theateraufführung mitzumachen? Waren Sie noch in Ihren Ex verliebt? Und so weiter. Mit jedem Schamgefühl, das Sie sich genauer ansehen, öffnen Sie sich der Erkenntnis Ihrer selbst. Ohne die Anwesenheit anderer Menschen, ohne ihren Blick, könnten wir dieses Bewusstsein über unser Selbst nicht erlangen. Die Angst vor dem Blick der anderen ist die Angst vor unserer eigenen Klarsicht. Die Herausforderung besteht darin, uns selbst gegenüber so klar und bewusst zu sein, dass wir unsere Aussagen nicht nur vor den anderen, sondern auch vor uns selbst rechtfertigen können.

Sartres berühmter Ausspruch aus dem Theaterstück *Ge-*

schlossene Gesellschaft, in dem es heißt: »Die Hölle, das sind die anderen«, muss daher aus der richtigen Perspektive betrachtet werden. Nur wenn die Beziehungen zu anderen Menschen schmerzhaft oder ungesund sind, sind sie höllisch, weshalb man darauf achten sollte, sich mit positiven Menschen zu umgeben. Wenn dies gelingt, werden die anderen zu dem, was für die Selbsterkenntnis am wichtigsten ist: Indem wir versuchen, uns selbst zu erkennen, nutzen wir die Erkenntnisse, die die anderen bereits über uns haben. Wir beurteilen uns selbst mit den Mitteln, die die anderen uns geben. Das bedeutet, wir entwickeln uns selbst mithilfe der anderen. Die Hölle, das sind nicht die anderen, vielmehr lässt uns die Scham etwas sehen, das wir nicht sehen wollten, das uns aber weiterbringt. Anstatt sich also unter dem Tisch zu verstecken und vor dem katastrophalen Wochenende zu fliehen, sollten Sie Ihren Freundinnen danken, Ihre Scham genießen und sich die richtigen Fragen stellen. Nutzen Sie diesen Kultmoment auf dem Weg zu mehr Selbsterkenntnis.

Ein paar Zeilen zu Sartre
(1905–1980)

Jean-Paul Charles Aymard Sartre wurde 1905 in Paris im 16. Arrondissement in eine bourgeoise und kultivierte Familie geboren. Im Alter von fünfzehn Monaten verlor er seinen Vater. Durch seinen Großvater und dessen Bibliothek kam er früh mit der Literatur in Berührung und entwickelte ein großes Interesse für das Wissen. Als behütetes und einsames Kind war der Schock umso größer, als seine Mutter einen neuen Mann heiratete und er mit den beiden nach La Rochelle ziehen musste. 1920 wurde er nach Paris zurückgeschickt, wo er eine glänzende Ausbildung als Internatsschüler genoss und den Schriftsteller Paul Nizan kennenlernte. In der Oberstufe begeisterte er sich für Latein und Griechisch und zeichnete sich durch seinen Humor aus, der ein Hebel für sein gesellschaftliches Leben war. 1924 trat er in die École Normale Supérieure ein und lernte in einer Arbeitsgruppe Simone de Beauvoir kennen, die er »Castor« nannte und die bis zu seinem Tod seine Lebensgefährtin blieb. 1929 erlangte er die Agrégation im Fach Philosophie und entdeckte bewundernd Edmond Husserls Schriften. Nach seiner Ernennung zum Lehrer in Le Havre zeigte er eine tiefe Verbundenheit mit seinen Schülern. Er las viel, begeisterte sich für Louis-Ferdinand Céline und schrieb, obwohl die Verleger seine Manuskripte immer wieder ablehnten. Zum Schuljahr 1937/38 wurde Sartre nach Neuilly versetzt, 1938 veröffentlichte er seinen von der Kritik gefeierten Roman *Der Ekel*. Sartre konnte seinen Erfolg jedoch kaum genießen. Der Krieg brach aus, er wurde in Nancy eingezogen und geriet später in den Vogesen in Gefangenschaft. In dieser Zeit wurde ihm sehr viel Grundlegendes bewusst, er begriff die Dringlichkeit des Engagements und wandte sich nach seiner Freilassung dem Theater zu. *Das Sein und das Nichts* von 1943 zeugte von seinem existentialistischen Denken. Nach der Befreiung gründete er zusammen mit Persönlichkeiten der literarischen und politischen Szene – darunter Raymond Aron, Simone de Beauvoir und Maurice Merleau-Ponty – die Zeitschrift *Les Temps modernes*. Seine philosophischen Schriften waren seither mit politischen Kämpfen verbunden und führten ihn von der Kommunistischen Partei über den Algerienkrieg bis hin zu den Mai-Unruhen 1968. Den Nobelpreis für Literatur lehnte er 1964 ab, da er der Meinung war, kein Mensch solle zu Lebzeiten mit dem Nobelpreis ausgezeichnet werden. 1980 starb Sartre an einem Lungenödem. Mehr als fünfzigtausend Menschen folgten dem Sarg des Intellektuellen zu seiner letzten Ruhestätte – ein Beweis für die enorme Wirkung, die sein Denken hinterlassen hat.

Das Buch für den Krisenfall

Das Sein und das Nichts. Versuch einer phänomenologischen Ontologie

Dieses 1943 publizierte Buch ist Jean-Paul Sartres Hauptwerk. Er legt darin seine existentialistische Philosophie dar. Wenn es keinen Gott gibt, findet der Mensch weder in sich noch außerhalb Entschuldigungen oder Werte, an die er sich klammern kann. Wohin er auch blickt, der Mensch ist allein, »zur Freiheit verurteilt« und für seine Handlungen verantwortlich. In der Philosophie ist dieses Denken bis heute lebendig.

Philosophie hilft!

- Scham existiert nur im Angesicht des anderen. Wenn wir allein sind, sind wir frei. Es ist der Blick der Menschen, der das Gefühl von Scham erzeugt.
- Scham ist nichts, wovor man weglaufen muss, sondern eine Gelegenheit, sich dessen bewusst zu werden, wer wir sind und was wir wirklich denken. Wir nehmen uns selbst durch die Augen der

anderen wahr und sind gezwungen, uns mit dem, was wir dort sehen, klar auseinanderzusetzen.

- Wenn wir lernen, uns mit Menschen zu umgeben, die uns guttun, müssen wir nicht vor ihnen fliehen oder sie fürchten, denn sie helfen uns, uns selbst zu entwickeln.

Voltaire im Exil

Oder: Die Vernunft der Toleranz

Ihre kleine Schwester war schon immer eine Rebellin. Eine, von der es heißt, sie mache nichts wie die anderen. Man hat sich in der Familie immer ein bisschen über sie gewundert, manche haben sich gefragt, woher sie wohl diese Gene hat. Im Grunde begann es an ihrem fünften Geburtstag, als sie feierlich erklärte, sie wolle nicht mehr Flöte spielen wie alle ihre Geschwister, sondern Banjo lernen. Ihre Eltern haben, um des lieben Friedens willen, die Augen verschlossen. Das war nur der Anfang einer langen Reihe von Zugeständnissen, die ersten Symptome, die zu denken gaben, was ihre Fähigkeit betraf sich einzufügen.

Als Teenager hatte sie mehrere Klamottenphasen, alle eher exzessiv denn einzigartig, und vor allem: absolut nicht Ihr Geschmack. Das löste Erdbeben aus und erschütterte die gemeinsamen Sonntagsessen. Die Großeltern waren überrascht wegen ihrer »Verkleidungen«, wie sie es nannten, und Ihre Mutter antwortete ein wenig beschämt und resigniert: »Sie sucht sich, sie ist dabei sich zu finden.« Dass jedes noch so kleine Verbot den Abgrenzungsdrang Ihrer Schwester nur noch weiter steigerte, erzählte sie wohlweislich nicht. Um Ihre Verärgerung zu überwinden, hatten Sie und Ihre anderen Geschwister stillschweigend vereinbart, dies auf ihre Jugend zu schieben. Es waren eben die Launen des »Nesthäkchens«. Mit jedem Geburtstag hofften Sie aufs Neue, und zwar vergeblich, sie werde endlich zur Vernunft kommen und einsehen, dass es nur eine einzige angemessene Bekleidung gibt – nämlich die, die der Norm entspricht.

Aber ihre freche Art blieb. Die Spannungen in der Familie wurden immer größer und anstrengender. Später besaß Ihre kleine Schwester sogar die Frechheit, den Königsweg, den Ihre ganze Familie eingeschlagen hatte, zu verlassen und sich anstelle einer Grande école nur an einer gewöhnlichen Universität einzuschreiben. Von allen, die ihr Verhalten bedauerten, waren Sie wahrscheinlich am traurigsten. Sie fühlten sich missbraucht in Ihrer Rolle als große Schwester, provoziert im Herzen Ihrer tiefsten Überzeugungen. Sie hatten so große Lust, Ihre Eindrücke mit ihr zu teilen, sie zu Ihrer Komplizin zu machen. Dass sie sich der Familientradition nicht anschließen wollte, war für Sie schwer zu akzeptieren. Ihr Zorn entsprang Ihrer Trauer und dem Gefühl, dass sie sich von Ihnen abwandte. Für wen hielt sie sich? Wieder einmal musste man mit ihr reden, wieder einmal musste man tagelang versuchen, sie auf den rechten Weg zu bringen. »Weißt du eigentlich, was du da tust, du armes Ding?« Auf diese Frage lief jedes einzelne Ihrer Gespräche hinaus. Schließlich gaben Sie auf. Im Laufe der Jahre hat sie bei jeder Entscheidung einen Schritt zur Seite gemacht.

Heute Abend waren Sie bereit, all ihre Überspanntheit für einen Moment zu vergessen, aber ihr notorisches Querschießen sollte nicht lange auf sich warten lassen. Sie dachten, es würde ein schöner Abend im Kreise der Familie und waren schon überrascht, als sie ankündigte, in Begleitung eines Mannes aufzutauchen.

Eigentlich hätte es ein ganz persönlicher Moment werden sollen, in dem die ganze Sippe für einen Abend in das gemütliche Nest der Kindheit zurückkehrte. Aber jetzt schütteln Sie dem Mann die Hand und sind absolutely not amused. Sie sehen auf den ersten Blick, dass sie keine Gemeinsamkeiten haben. Am Tisch verläuft das Gespräch ganz unbeholfen, und Sie denken an all die salonfähigen Männer, die Sie Ihrer Schwester hätten vorstellen können. Das passt einfach nicht, aber Ihre Schwester himmelt ihn an wie einen Märchenprinzen.

Beim Dessert steht Ihre liebe Schwester dann auf und verkündet, bald heiraten zu wollen. Das Entsetzen ist groß. Das Schweigen Ihrer Eltern und die Resignation Ihrer Geschwister sind genauso unerträglich wie diese beklagenswerte Verbindung. Diesmal ist das Fass übergelaufen, Sie müssen etwas tun, um die Familientradition zu retten, Sie müssen sie davon abbringen, jemanden zu heiraten, der nicht dem sozialen Status Ihrer Familie entspricht. *Romeo und Julia* ist eine sympathische Hollywood-Komödie, gemessen an der Wut, die Sie in diesem Moment packt. Dass sie ständig einen auf »anders« macht, ist schon ärgerlich genug, aber nun geht sie definitiv zu weit, das können Sie nicht länger tolerieren. Sie fühlen sich in Ihren Gewissheiten und Überzeugungen bedroht und überwältigt von all den Gefühlen, die sich im Laufe der Zeit angesammelt haben.

Plötzlich stehen Sie wie hypnotisiert auf und kippen Ihrer Schwester in einer absurden Geste eine ganze Flasche Sprudelwasser über den Kopf, um Ihrer Ratlosigkeit Ausdruck zu verleihen. Das Feuer wird dadurch jedoch nicht gelöscht, sondern eine Kettenreaktion ausgelöst. Ihre Mutter bricht in Tränen aus, Ihr Vater wedelt mit Servietten, Ihre Brüder verlassen den Tisch und Ihre triefende Schwester brüllt Beleidigungen, wobei der Refrain lautet, Sie seien »ja krank«, »notorisch intolerant«, und vor allem wolle sie Sie »nie wieder sehen«. Nur ihr zukünftiger Ehemann bleibt stoisch und schaut sich die Szene an, als säße er in einer Zirkusvorstellung. Sie wissen nicht mehr, was Sie tun sollen. Sie mögen zwar nicht tolerant sein – aber Sie verteidigen die Familientraditionen, was genauso wichtig ist, oder etwa nicht? Ihr Problem: Ihre Herkunftsfamilie ist nicht mehr der sichere, weiche Kokon, nicht mehr das vor Zwietracht geschützte, gelobte Land. Gibt es für Sie einen anderen Ausweg, als zuzusehen, wie sie unter dem Gewicht des Chaos und der Differenzen zusammenbricht? Hätte Ihre Schwester ihre Rebellion doch nur bei dem Banjo belassen.

Was sagt Voltaire dazu?

Wenn es einen Denker gibt, den wir heranziehen sollten, wenn wir ein Toleranzdefizit haben, dann ist es der berühmte Philosoph François-Marie Arouet, besser bekannt unter dem Namen Voltaire. Sein philosophisches Werk ist ein Forum für friedliche Beziehungen, natürlich in erster Linie zwischen den Völkern, aber auch unter Einzelpersonen. Voltaire, der für die Rehabilitierung der unrechtmäßig Verurteilten kämpfte, kritisierte nicht so sehr die Intoleranz, sondern versuchte vielmehr zu zeigen, dass sie Gemeinschaften verwundbar macht.

Verwundbar, das ist genau der Zustand, in dem Sie sich heute befinden. Wenn Sie nicht mehr wissen, was Sie tun sollen, liegt das daran, dass in Ihrem Herzen und Ihrem Kopf zwei Prinzipien gegeneinander arbeiten. Auf der einen Seite stehen Ihre Überzeugungen, Ihre Vorstellung von Familie und Tradition, die Sie als absolute Wahrheiten aufstellen und von denen Sie nicht abweichen können. Die Entscheidungen Ihrer Schwester widersprechen Ihren Werten. Auf der anderen Seite steht Ihre Liebe zu ihr und Ihr Bestreben, das zu bewahren, was Ihnen am wichtigsten ist: Ihren engsten Familienkreis. Diese beiden Aspekte kollidieren in einem emotionalen Aufruhr und führen zu Zwietracht. Sie erkennen sich selbst nicht mehr und können nur noch wütend mit absurdem Verhalten reagieren.

Anstatt Ihnen eine vorgefertigte Lektion in Sachen Moral zu liefern, schlägt Voltaire vor, Ihnen die Wirksamkeit von Toleranz und damit ihren Nutzen zu zeigen.

Vielleicht liegt Voltaires große Besonderheit in seiner Methode. 1763 erschien seine Abhandlung *Über Toleranz. Aus Anlass des Todes von Jean Calas*. Zuvor war Calas, ein Protestant, zu Unrecht des Mordes an seinem Sohn bezichtigt worden. Dieser hatte zum Katholizismus konvertieren wollen. Der Philosoph der Aufklärung versucht, die Gläubigen zu überzeugen oder zumindest ihre Gewissheiten zu erschüttern, ohne jedoch ihre Überzeugungen frontal anzugreifen. Voltaire wendet sich also an seine Leser als Menschen mit gesundem Menschenverstand, die logisch denken und auf den Pfad der Vernunft zurückfinden können. Auch wenn Ihr familiärer Streit nicht unbedingt dem eines Krieges zwischen zwei Religionen entspricht, sind Geißel und Lösung identisch. Es geht darum, Ihre Ansichten zu respektieren und Ihnen gleichzeitig dabei zu helfen, die Ursachen für Ihre Ängste zu verstehen. Es geht um die Erkenntnis, dass Offenheit und Toleranz gegenüber anderen keine Bedrohung darstellen.

Über Toleranz ist eine Zusammenfassung aller Argumente für Toleranz. Voltaire verbindet darin politische und religiöse Überlegungen. Unter welchen Bedingungen ist Toleranz möglich? Oder besser gesagt, warum sollte sie bevorzugt werden? Um sie besser definieren zu können, versucht Voltaire zunächst, ihr Gegenteil, die Intoleranz, zu verstehen, die er entschärfen will. Intoleranz stellt sich oft als Recht dar, und ihr lobenswerter Impuls besteht darin, das, was man für die Wahrheit hält, schützen zu wollen. Diese vermeintliche Wahrheit erweist sich jedoch als gefährlich, denn sie fördert nicht den zivilen Frieden oder den Gehorsam, sondern führt zu gewalttätigen Unruhen und gefürchteten politischen Verbrechen. Das Paradoxon besteht also darin, dass Intoleranz von der beabsichtigten Wirkung abhält. Anstatt uns zu bewahren oder uns den »richtigen« (fantasierten) Weg zu garantieren, setzt sie uns der Gewalt aus. Religionskriege oder Königsmorde sind unzweifelhafte Beweise dafür. So auch – selbstverständlich in einem weniger brutal-gewalttätigen Maß – die über Ihre Schwester verschüttete Wasserflasche, die eine hysterische Familienszene auslöst. Darüber hinaus betont Voltaire, dass Intoleranz kein Naturrecht und auch kein Menschenrecht ist. Diese universellen Rechte beruhen auf der wertvollen Idee, man solle anderen nichts antun, von dem man nicht möchte, dass es einem selbst angetan wird. Da Intoleranz weder wirksam noch legitim ist, wird sie schnell disqualifiziert. Das Chaos scheint ihr einziges Ziel zu sein, staatlich wie familiär.

Voltaire wird auch zum Pädagogen, wenn er erklärt, dass Völker, die Toleranz praktizieren, friedlicher, wohlhabender und vor allem glücklicher sind. Historisch gesehen lässt er alle Orte Revue passieren, die sich durch Freiheit und kulturelle wie religiöse Toleranz ausgezeichnet haben. Er blickt weltweit und über die Epochen hinweg und nennt als Beispiele etwa Griechen und Römer, aber auch die Chinesen sowie die Quäker in Pennsylvania. Der Philosoph setzt Toleranz als ideologische und pragmatische Selbstverständlichkeit voraus und bezieht sich dabei auf Peter den Großen, der in seinem riesigen Reich alle Kulte gefördert habe, wovon der Handel und die Landwirtschaft profitiert und worunter der politische Körper nie gelitten habe. In einer weitaus konstruktiveren Weise als die Intoleranz ist es tatsächlich die Toleranz, die uns Stabilität verleiht und damit auch die Verbindung aufrecht erhält, auf der die Traditionen beruhen. Voltaire betont schließlich, dass einen Glauben zu haben keineswegs bedeutet, ihn anderen aufzwingen zu müssen. Sein Aufruf zur Toleranz beruht darauf, dass sie allen zugutekommt.

Lassen Sie uns also Voltaires auf die Gesellschaft bezogene Argumentation auf Ihre Familie anwenden, denn die Logik ist ähnlich: Sie lieben Ihre Schwester, aber ihre Kleidung, ihr Studium und ihr Verlobter wirken auf Sie wie ein Angriff auf Ihre Traditionen. Ihre Überzeugungen zerschellen an den Ufern ihrer Überzeugungen. Doch letztlich sind Sie es, die durch Ihre Haltung die Verbindung unterbricht. Wenn wir Angst haben, können wir alle Schutzmechanismen einsetzen, um uns von anderen zu distanzieren. Voltaire indessen appelliert an die Vernunft, die in jedem von uns schlummert. Statt uns durch unterschiedliche Lebensentscheidungen und -entwürfe zurückgewiesen zu fühlen, fordert er uns auf, gemeinsame Werte zu schaffen. Ihre Familie kann für jedes ihrer Mitglieder zu einem Zufluchtsort werden. Anstatt sich gegenseitig zu ignorieren oder sich gegenseitig Wasser über den Kopf zu schütten, einigen Sie sich mit Ihrer Schwester und Ihrem Schwager auf den Kauf eines neuen Musikinstruments und geben beim nächsten Abendessen ein gemeinsames Konzert.

Ein paar Zeilen zu Voltaire
(1694–1778)

François-Marie Arouet wurde 1694 in Paris geboren und verlor seine Mutter im Alter von sieben Jahren. Bei den Jesuiten lernte er Latein und Rhetorik, aber auch Strenge und die Liebe zu Plädoyers. Als er siebzehn Jahre alt war, teilte er seinem Vater mit, er wolle seinen vorgeschriebenen Weg, der ihn in ein hohes Richteramt führen sollte, verlassen, um Homme de Lettres zu werden. Schließlich beugte er sich dem Zorn seines Vaters und schrieb sich für ein Jurastudium ein, gab aber das Schreiben nicht auf. Er wurde durch seinen Wortwitz bekannt, mit dem er den Regenten Philippe d'Orléans verhöhnte, wofür er zu elf Monaten Gefängnis verurteilt wurde. Nach seiner Entlassung nannte er sich Voltaire und feierte 1718 mit seiner ersten Tragödie, *Œdipe,* einen großen Erfolg. Es folgten weitere, aber er zügelte sich nicht. Ein Streit mit einem Edelmann brachte ihn erneut in die Bastille. Wieder auf freiem Fuß beschloss er, nach England ins Exil zu gehen, wo er seine Leidenschaft für die Philosophie entdeckte. 1728 durfte er nach Frankreich zurückkehren, unter der Bedingung, sich von Versailles fernzuhalten. Nachdem er sein Geld durch geschickte Geldanlagen vermehrt hatte, konnte er sich dem Schreiben und der Liebe zu der intellektuellen Émilie du Châtelet widmen, die sowohl Mathematikerin als auch eine belesene Persönlichkeit war. Trotz ihrer Ehe mit einem anderen Mann verbrachten sie die meiste Zeit miteinander, und sie ermutigte ihn, den Weg der Philosophie einzuschlagen. Unter der Hand veröffentlichte er seine *Philosophischen Briefe*. Er beruhigte seine Gegner, um dem Gefängnis in der Bastille zu entgehen, setzte aber seine Arbeit fort und lobte etwa die Ideen von Newton. Er wurde in die Académie Française aufgenommen und, nach dem Tod von Émilie 1750, Kammerherr des preußischen Königs Friedrich II. Eine Meinungsverschiedenheit zwang ihn jedoch, in die Schweiz zu fliehen. Dort verfasste er seine Novelle *Candide oder der Optimismus* (1759), zu der ihn das verheerende Erdbeben von Lissabon inspiriert hatte. Für Diderots und d'Alemberts *Encyclopédie* verfasste er etwa vierzig Artikel. Seine letzten Lebensjahre widmete er zum einen dem Kampf gegen religiöse Intoleranz mit der Abhandlung *Über die Toleranz*, zum anderen der Verbreitung der Ideen der Aufklärung mit seinem *Philosophischen Wörterbuch* von 1764, das in Frankreich, der Schweiz und den Niederlanden auf den Index kam. Gegen Ende seines Lebens durfte Voltaire nach Paris zurückkehren, wo er 1778 starb und 1791 ins Panthéon überführt wurde. Das Vermächtnis seiner Kämpfe leuchtet für die Ewigkeit.

Das Buch für den Krisenfall

Über die Toleranz. Aus Anlass des Todes von Jean Calas

1763 veröffentlicht ist dies ein Plädoyer für Vernunft und Toleranz, um Frieden, Glück und Wohlstand zu sichern. Der Text nimmt den religiösen Fanatismus ins Visier und ist nach wie vor hochaktuell.

Philosophie hilft!

- Intoleranz beruht nicht auf Logik, sondern auf dem Gefühl, bedroht zu werden.

- Intoleranz ist paradox: Sie will schützen, führt aber zu Gewalt und Chaos.
- Unterschiede zu akzeptieren und somit Toleranz zu üben ist der einfachste Weg, um friedlich, erfolgreich und glücklich zu leben.

Ricœur und die Sache mit der Nase

Oder: Fragen der Identität

Schon als Kind mochten Sie Ihre Nase nicht. Sie fanden sie zu dick und unharmonisch, sie passte einfach nicht zu Ihrem Gesicht. Bei der Lieferung musste ein Fehler passiert sein. Jedes Mal, wenn Sie an einem Spiegel vorbeikamen, betrachteten Sie Ihre Nase und verfluchten Ihr Schicksal, den Rest des Lebens mit diesem Ding im Gesicht verbringen zu müssen. Sie waren wütend auf Ihre Eltern, weil sie Ihrem genetischen Code nicht ein bisschen mehr Zierlichkeit beigemischt hatten. Sie schimpften auf die Feen, die einen freien Tag eingereicht hatten, anstatt sich über Ihre Wiege zu beugen. Kurzum: Ihr Nasenkomplex war ein integraler Bestandteil Ihrer Identität geworden.

Mit der Pubertät besserte sich nichts – im Gegenteil, die Problemzone mitten in Ihrem Gesicht verstärkte nur noch Ihr Unbehagen. All Ihre Misserfolge führten Sie auf dieses unansehnliche Merkmal zurück. Etwa, dass der gut aussehende Blondschopf in der achten Klasse lieber Ihre beste Freundin zur Abschlussfeier eingeladen hatte. Oft sagte Ihre Mutter, wie um Sie zu trösten: »Mein Schatz, du hast die Nase deines Großvaters«, ohne zu merken, dass der Vergleich mit einem alten Mann Sie nur noch mehr deprimierte. Diese Nase war das Sinnbild all Ihrer Enttäuschungen und verpassten Chancen. Bei Vorstellungsgesprächen waren Sie immer versucht, sie durch seltsames Gestikulieren zu verbergen, also wedelten Sie wie in einem italienischen Theaterstück ständig mit den Händen. Natürlich verstand niemand in Ihrem Umfeld, was dieses zwanghafte Herumfuchteln sollte, einige hielten es sogar für eine Verhaltensstörung. Ihre Freundinnen wollten sich nie von Ihrem Nasendrama überzeugen lassen. Wann immer Sie es versuchten, riefen sie in den höchsten Tönen: »Aber was hast du denn nur? Warum bloß? Du hast doch genau die gleiche Nase wie meine Cousine – und die ist ein echter Knaller!« Sie waren zu verdrossen, um zu argumentieren, dass die besagte Cousine vielleicht andere Vorzüge besaß, die sie betonen konnte.

Mit Ihren Liebhabern war die Situation ähnlich. Erwähnte einer Ihre »charmante Erdnuss« oder Ihr »süßes Puppengesicht«, fühlten Sie sich nicht gerade geschmeichelt, eher schon diskreditiert und in Ihrem Kummer fast verhöhnt. Denn niemand konnte objektiv bestreiten, dass Sie mit einem nicht so schönen Riechorgan bedacht worden waren.

Letztlich fußte Ihre ganze Persönlichkeit auf dem, was Sie als soziales Handicap ansahen. Um Ihren Schönheitsfehler auszugleichen, brachten Sie viel Einfallsreichtum auf. Der Mittelpunkt Ihres Gesichts, das Objekt Ihrer

Sorge, musste unbedingt vergessen gemacht werden. Also gaben Sie sich immer enthusiastisch und besonders freundlich. Sie waren gerne Gastgeberin, organisierten große Dinnerpartys, gaben Anekdoten zum Besten – alles nur, um »dieses Ding« zu kaschieren. Beruflich entwickelten Sie anspruchsvolle Fähigkeiten und außergewöhnliche Qualifikationen. Sie wurden gelobt und waren gefragt, eine zuvorkommende Person, auf die man sich in allen Situationen verlassen konnte, deren Wort Gewicht hatte und die immer ihre Versprechen hielt. Welche Ironie des Schicksals, dass immer wieder Ihre »gute Nase« erwähnt wurde! Obwohl Sie das als Genugtuung empfanden, blieb stets ein Schatten an Ihnen kleben. Sie hatten sich alle Lebensbereiche mit Bravour erobert, aber trotz alldem kam Ihr Selbstbewusstsein nie über diesen alten Knacks hinweg. Sie hatten das Gefühl, dass alles, was Sie waren, auf diesen Komplex hinauslief. Fragte Sie jemand, was Sie beruflich machten, war Ihr erster Impuls zu antworten: »Dieses Stück Knorpel in meinem Gesicht ertragen!« Das war einerseits übertrieben, andererseits nicht. Manchmal lagen Sie mit den finstersten Gedanken im Bett und fragten sich, wie ein Leben ohne diese schreckliche Nase aussehen könnte.

Eines Tages fassten Sie sich ein Herz und beschlossen, dem Ganzen ein Ende zu setzen. Sie durchforsteten über hundert Zeitschriften nach dem perfekten Model und casteten ebenso viele Schönheitschirurgen, bis Sie den nächsten Schritt wagten. Die Entscheidung war gefallen: Sie würden sich operieren lassen. In der gedämpften Atmosphäre der Klinik nahmen Sie sich mit Ihrem Arzt die Zeit, die Umrisse Ihres Traums zu skizzieren. Sie fühlten sich, als hätten Sie nun endlich Kontrolle, und waren begeistert von der Vorstellung, die Schöpferin Ihrer selbst zu sein. Die neue Nase mit den idealen Proportionen sollte zum Symbol Ihres neuen Ichs werden. Das war keine bloße Koketterie, Sie meinten es wirklich ernst. Die Kommentare der einen und die Bedenken der anderen wischten Sie beiseite und dachten, Sie seien bereit für den Sprung ins Neue und Ungewisse.

Doch seit Sie heute Morgen in Ihrem Zimmer darauf warten, in den Operationssaal geführt zu werden, haben Sie ein seltsames Gefühl im Bauch. Was ist denn los mit Ihnen? Zunächst schieben Sie es auf Ihre Ängste im Allgemeinen und Ihre Phobien vor Krankenhäusern im Speziellen. Sie greifen nach einem Taschenspiegel. Ihre Nasenflügel beben angesichts des nahenden Abschieds. Sie schauen auf Ihre Nase, die Sie gleich verlassen wird, und dieses Mal überkommt Sie ein eindeutiges Gefühl. Die vielen Jahre der Kaschierungsversuche haben Sie geprägt. War Ihre Nase nicht immer ein Symbol Ihrer Person und Ihres Erbes? Was, wenn Sie sich nach der OP nicht mehr wiedererkennen? Die Angst, sich selbst fremd zu werden, ist nun stärker als Ihre Nasenobsession. Wie werden Sie aussehen, wenn Sie sie los sind? Am liebsten würden Sie alles abblasen, denn Sie fürchten, nicht mehr zu wissen, wer diese Person im Spiegel ist, wenn Sie sich mit einer neuen Nase sehen.

Was sagt Ricœur dazu?

Wenn man sich einer Sache sicher sein kann, dann dieser: Paul Ricœur hatte definitiv ein Gespür dafür, wo unsere persönlichen Spannungsfelder liegen und wie er uns helfen kann, sie zu erkennen und zu überwinden. Als aufmerksamer Beobachter des Individuums war eines seiner großen Forschungsthemen die Identität. Was verstehen wir unter diesem Begriff? Wer bin ich, wenn ich »ich« sage? Sind es nur unsere äußeren Merkmale, oder ist es unser Charakter, der unsere Person ausmacht? Der Philosoph führt uns auf dieser Suche nach uns selbst und ermöglicht es uns, weiter zu blicken als nur bis zu unserer Nasenspitze.

Genau diesen Fragen werden auch Sie sich stellen müssen. Sie mögen Ihre Nase überhaupt nicht, und sie macht Ihnen das Leben zur Hölle, wie es unsere Komplexe nun mal gut können. Dieses Merkmal hat im Laufe der Jahre viel Raum in Ihrem Inneren eingenommen und Sie an der Erkenntnis gehindert, dass die Identität nie auf nur einem einzigen Detail beruht, mag es auch noch so imposant sein. Sie fühlen sich heute wie eine Abenteurerin, die kurz davor steht, bisher unbekannte und verborgen gebliebene Gebiete in sich selbst zu entdecken.

Als Suchanleitung versucht sich Ricœur an einer Kartografie unserer Identität und schlägt vor, zwischen zwei Schlüsselkonzepten zu navigieren. Auf der einen Seite steht das Konzept der *Selbigkeit (mêmeté),* auf der anderen das der *Selbstheit (ipséité).*

Die *Selbigkeit* bezieht sich auf das, was sich nicht ändert, seien es unser Fingerabdruck, unsere Körperform, die Augenfarbe, bestimmte Charakterzüge oder unsere Nase, die uns an unsere Vorfahren erinnert. Durch die *Selbigkeit* bauen wir unsere Bezugspunkte auf – alles, was uns für uns selbst und für andere erkennbar macht und was intakt bleibt, auch wenn wir altern. Diese fixen Elemente sichern unsere Beständigkeit in der Zeit. Aus der *Selbigkeit* ergibt sich übrigens auch das seltsame Gefühl, das wir manchmal haben, wenn wir jemanden nach vielen Jahren wiedersehen und uns etwas in seinem Blick oder in seinem Verhalten so vertraut vorkommt, dass wir ausrufen: »Du hast dich überhaupt nicht verändert!« Bis zu Ihrer Operation war Ihre Nase, ebenso wie Ihre Einstellung zu ihr, das zentrale Element Ihrer *Selbigkeit.* Sie war Ihr Mittelpunkt, so sehr Sie sie auch verabscheut haben. Nun befürchten Sie, dass Sie sich selbst verlieren könnten, wenn Sie die Basis Ihrer Identität beschädigen. Aber ist Ihre Person wirklich auf dieses eine Merkmal beschränkt? Sind Sie sicher, dass Sie sich nur durch diesen Komplex definieren?

Um seinen Ansatz zu vervollständigen und uns eine nuanciertere Sicht auf die Identität zu bieten, schlägt Paul Ricœur als Nächstes den Begriff *Selbstheit* vor. Anders als ein Gegenstand, der eine konstante Form und Verwendung hat, verändern wir uns ständig. Selbst wenn bestimmte Verhaltensweisen fest verankert sind, verändern wir uns im Laufe von Ereignissen, Begegnungen, Lebensabschnitten und sogar durch Operationen! Zwischen dem Kind, das wir einst waren, und dem Individuum, das wir heute sind, haben wir uns gewandelt. Unsere Augenfarbe oder unsere Marotten mögen noch die alten sein, aber wir haben uns weiterentwickelt, sind reicher an Wissen und Erfahrung geworden, haben nicht mehr denselben Geschmack oder dieselben Freunde. Alles scheint anders zu sein, und doch verwenden wir immer das Wort »ich«, um uns selbst zu definieren, egal in welcher Zeit wir leben und was wir durchmachen. Wie ist das möglich? Wie kommt es zu diesem roten Faden? Dieses Rätsel nennt der Philosoph *Selbstheit.*

Die Identität setzt sich bei Ricœur aus zwei Aspekten zusammen: einem festen Teil, der *Selbigkeit*, und einem dynamischen Teil, der *Selbstheit*. Letztere bescheinigt uns, dass wir uns selbst nicht fremd werden können, und bietet uns die Möglichkeit, Veränderungen zu integrieren und dabei dieselbe Person zu bleiben. Die Flexibilität der

Selbstheit ermöglicht es uns, immer »ich« zu sagen, auch wenn das Leben in Bewegung ist. Dank der *Selbstheit* können wir sicher sein, dass wir uns selbst treu bleiben. Das bedeutet, dass Ihr Talent, Ihr Enthusiasmus, Ihre Fähigkeiten, Ihre Ernsthaftigkeit oder die Art, wie Sie mit anderen Menschen sprechen, für Sie verbindlich sind und Sie genauso erkennbar machen wie eine blöde Eigenart. Identität ist ein Ganzes, eine Mischung aus dem, was sich bewegt, und dem, was bleibt.

In Wirklichkeit rührt Ihre Panik vor allem daher, dass Sie Ihrem Komplex so viel Bedeutung beigemessen und ihn zum Wichtigsten gemacht haben, was man über Sie sagen kann. Und hier kommt uns Ricœurs Ansatz am meisten zu Hilfe, denn zwischen dem harten Kern der *Selbigkeit* und der Flexibilität der *Selbstheit* baut er eine Brücke, die sie perfekt komplementär macht, und er nennt diese Brücke *narrative Identität*. Dieses Konzept taucht zum ersten Mal in seinem Buch *Zeit und Erzählung* auf. Es beruht auf der Idee, dass Identität letztlich das ist, was wir uns über uns selbst erzählen wollen. Demnach lautet die essenzielle Frage, die Ihnen immer weiterhilft: Welches ist die Erzählung, die Sie von Ihrem Leben machen wollen? Es handelt sich dabei nicht um eine objektive Geschichte, sondern um die Geschichte, die wir uns selbst erzählen wollen, so als wären wir die Leser unserer eigenen Existenz. Letztlich konstituiert sich die persönliche Identität durch die Erzählungen, die sie hervorbringt. Weit davon entfernt, in der

Selbigkeit zu erstarren oder nur in der *Selbstheit* zu erscheinen, wird unsere Identität noch umfassender, indem sie alle diese Pole durch das Erzählen miteinander vermischt.

Seien Sie unbesorgt – keine Operation wird Ihre Person verletzen, denn ein Detail ist bei Weitem nicht alles, was Sie sind, und Sie sind viel wertvoller als ein Knorpel. Aber: Statt die Perfektion aus dem Katalog zu wählen oder sich hinter der Gewohnheit Ihrer Komplexe zu verstecken, ist jetzt vielleicht der richtige Zeitpunkt gekommen, um Ihre Identität neu zu erfinden. Wenn Sie endlich Frieden mit dem schließen, was Sie sind, werden Sie Ihre Qualitäten entdecken und eine neue Erzählung finden, auf die Sie Ihre Identität gründen können.

Ein paar Zeilen zu Ricœur (1913–2005)

Paul Ricœur wurde 1913 in Valence geboren, seine Mutter starb bei der Geburt. Im Alter von zwei Jahren wurde er erneut mit dem Tod konfrontiert, als er auch seinen Vater verlor. Er wurde von seinen protestantischen Großeltern erzogen, fühlte sich geliebt und entwickelte schon früh einen wachen Geist, der durch sehr viel Lektüre genährt wurde. Als brillanter, aber unruhiger Schüler entdeckte er auf dem Gymnasium in Rennes die Philosophie. In den Dreißigerjahren studierte er in Paris und setzte seine philosophische Ausbildung bei dem Philosophen Gabriel Marcel fort, einem Vertreter des christlichen Existentialismus. Gleichzeitig begeisterte er sich für die Schriften von Edmund Husserl, der seine Anfänge in der Phänomenologie prägen sollte. 1935 bestand Ricœur die Agrégation und heiratete im selben Jahr Simone Lejas, mit der er drei Kinder bekam. Zunächst unterrichtete er in Colmar und Lorient, doch dann brach der Krieg aus, und er kam in ein Arbeitslager. Nach seiner Freilassung wurde er Vater von zwei weiteren Kindern und unterrichtete drei Jahre lang an einem Collège in den Cevennen, einer Hochburg des Widerstands. Hier stellte er seine Dissertation über das Wollen fertig. Im Jahr 1948 wurde er an die Universität Straßburg berufen, wurde 1956 Professor an der Sorbonne und ging 1964 an die Faculté de Lettres nach Nanterre. Er lebte auf dem Landsitz »Murs blancs«, einer von dem Philosophen Emmanuel Mounier gegründeten Gemeinschaftssiedlung in Châtenay-Malabry. Seine spirituelle Verbundenheit zeigte er, indem er regelmäßig für die Zeitschriften *Esprit* und *Christianisme social* schrieb. Paul Ricœur war stark in der Studentenbewegung verankert und kündigte 1968 seine Stelle, um die Studenten nach gewalttätigen Polizeieinsätzen zu unterstützen. 1970 trat er in die Philosophische Fakultät der Universität von Chicago ein und lebte fortan sowohl in den USA als auch in Frankreich. 1983 begann er mit der Arbeit an seinem

Hauptwerk *Zeit und Erzählung*. Erst Anfang der Neunzigerjahre kehrte er nach Frankreich zurück und wurde dank der Vielfalt seiner Theorien, die Bereiche wie Ethik, Ästhetik, Psychoanalyse, Geschichte und Politik berührten, zu einem Vorbild für junge Philosophen. Bescheiden und zurückhaltend starb er 2005 und hinterließ ein intensives Werk, das noch immer das gesamte zeitgenössische Denken inspiriert.

Das Buch für den Krisenfall

Zeit und Erzählung

Die zwischen 1983 und 1985 veröffentlichten drei Bände des Werks zeigen, dass die einzige Möglichkeit, über die Zeit nachzudenken, darin besteht, sie zu erzählen. In seinen Überlegungen geht Ricœur auf philosophische, literarische und sprachwissenschaftliche Themen ein und zeigt, dass das Erzählen dazu beiträgt, sich selbst zu verstehen.

Philosophie hilft!

- Bestimmte Elemente unserer Identität ändern sich nicht, etwa körperliche Merkmale oder Verhaltensweisen. Sie sind fest und bleiben über die Zeit hinweg bestehen.
- Während einige Dinge immer gleich bleiben, verändern sich andere im Laufe des Lebens. Dennoch bleiben wir immer dieselbe Person. Das liegt daran, dass unsere Identität über diese Veränderungen hinaus erhalten bleibt.
- Identität beruht nicht auf Aussehen oder Verhalten, sie ist eine Mischung aus unseren körperlichen Merkmalen, unserer Sprache und dem, was wir über uns erzählen wollen.

Simone de Beauvoir gegen den Determinismus

Oder: Die Geburt einer Frau

Alle Ihre Freunde haben Ihre Hochzeitsfeier in bester Erinnerung, sie ist zum Kult geworden, der bei jedem Zusammentreffen nostalgisch erwähnt wird. Sie und Ihr Mann waren so jung damals, dass die Euphorie des Festes den Geschmack der Jugend bewahrt und ihm einen unvergesslichen Glanz verliehen hat. Sie waren schön, lustig, verliebt, und das Leben, das Ihnen bevorstand, war voller Versprechungen. Bis in die frühen Morgenstunden haben Ihre Freunde mit Ihnen gefeiert und so an dem Bild des legendären Paares mitgestrickt. Bis heute hat sich der Mythos einhellig gehalten: Sie sind die wunschlos glückliche Ehefrau eines großartigen Mannes.

Von Anbeginn der Ehe hatten Sie die Aufgaben im Haushalt so aufgeteilt, wie Sie es für richtig und gerecht hielten. Sie kümmerten sich um das Innen, er um das Außen, und sie waren beide von dieser geschickten Verzahnung begeistert. Die Karriere Ihres Mannes erforderte viel Reisetätigkeit, jede Reise war für ihn eine Herausforderung, eine Gelegenheit, sein Talent zu zeigen und sich weiterzuentwickeln. Er musste sich also ungestört auf seinen Job konzentrieren, sich von den Belanglosigkeiten des Alltags befreien, um sich bei seinen Vorgesetzten unentbehrlich zu machen. Sie bewunderten seine Charakterstärke, seinen Ehrgeiz und die anhaltende Entschlossenheit. Ihr Job war flexibler, Sie hatten das Glück, von zu Hause aus arbeiten zu können, und das ließ Ihnen Raum, ihm sein Leben zu erleichtern, damit er glänzen konnte. Mit der Geburt der Kinder verfestigten sich die Rollen noch mehr. Er war der entschlossene, vielbeschäftigte Mann, der Stratege. Sie kümmerten sich um die Korrespondenz, die Kinderarzttermine und brachten die Kinder zu Bett. Ihr Leben fühlte sich keineswegs wie ein Klischee an, Sie waren davon überzeugt, dass jeder seinen Bereich gefunden hatte, in dem er sich verwirklichen konnte. Ihnen gefiel die Vorstellung, ein Paar sei wie ein Schiff, das allen Stürmen standhält, auch wenn er der Kapitän war und Sie zu seiner Crew gehörten. Sie hatten Ihren eigenen Rhythmus gefunden und kümmerten sich um alles, was anfiel. In Ihrem Selbstverständnis waren Sie für Ihren Mann die ideale Frau: die, die keinen Termin vergisst, auch nicht den Geburtstag seiner Mutter, und auch nicht die Frist für die Steuererklärung.

Was während der Woche auch immer anstand, Sie freuten sich immer am meisten auf den Samstag, denn das war traditionell der heilige Tag, an dem Sie Ihre Freunde einluden. Es war das Ritual all Ihrer Wochenenden. Dann traten Sie als legendäres Duo zusammen auf und ließen die Funken in den Köpfen der Freunde sprühen. Bis tief in die

Nacht hinein lobten sie die Raffinesse Ihres Essens und genossen die Anekdoten Ihres Mannes. Er war ein so guter Erzähler, dass seine Geschichten auf subtile Weise sogar Ihre Gerichte würzten. Die Gäste lachten über seine unwahrscheinlichen Begegnungen und die Tricks, mit denen er Aufträge an Land zog. Manchmal stand er sogar auf, um eine Szene nachzuspielen oder einen Dialog wiederzugeben. Alle waren begeistert, und während Sie in der Küche standen, rief man Ihnen aus dem Wohnzimmer zu: »Dein Mann ist so lustig! Was für ein Glück du mit ihm hast!« Sie nickten und lächelten zart. Beim Nachtisch erinnerte man sich wieder einmal an seine bewegende Hochzeitsrede und beneidete Sie darum, dem Geheimnis anhaltender Liebe auf die Spur gekommen zu sein. Ihr Mann klopfte Ihnen mit seiner vertrauten Hand aufs Knie – ein Zeichen der Zufriedenheit, aber auch eine Geste, um sich seines Eigentums zu versichern.

Natürlich hatte seine häufige Abwesenheit Ihre Beziehung belastet. Je höher er auf der Karriereleiter stieg, desto weniger hatten Sie davon. Es kam nicht selten vor, dass Sie ihn nur bei den kleinen Gesellschaften unter Freunden zu Gesicht bekamen. Manchmal hatten Sie das Gefühl, Sie seien Single, denn Sie lebten in völlig unterschiedlichen Sphären. Hin und wieder überkam Sie eine seltsame Melancholie, aber Sie zogen es vor, sich einzureden, alles sei in Ordnung. Ihre Mutter hatte Sie ohnehin nach diesem Modell erzogen und Ihnen von klein auf eingebläut, dass eine Frau niemals Ansprüche stellt. Sie waren die »bessere Hälfte« eines erfolgreichen Mannes und wunderbar beschäftigt. Das sagten Sie sich immer wieder und glaubten es beinahe auch.

Wenn es eines gibt, worin Sie sich sicher sein können, dann dass Sie bei der Jahresabschlussfeier seiner Firma wie immer zusammenkommen. Es ist die Art von Veranstaltung, die man nicht verpassen darf. Soziale Codes mit aufgesetztem Lächeln – Sie kennen diese Partitur in- und auswendig. Ein paar Worte über die Kinder, die im Ausland studieren, ein paar Worte über Ihren Job, und das alles bei Häppchen. Sie amüsieren sich über die Schmeicheleien der Kollegen, und Ihr Mann hat immer einen guten Spruch zu deren Erheiterung parat. Er muss nicht mit Ihnen reden oder Sie ansehen, um einen guten Eindruck zu machen. Sie sind nur zu Präsentationszwecken da, und die Komödie läuft schon so lange, dass Sie genau wissen, wie man sie spielt.

Doch diesmal sitzt Ihr Mann im Konferenzraum, um sich die üblichen Neujahrsgrüße des Vorstandsvorsitzenden anzuhören. Und er ist ein fleißiger Schauspieler. Er will Ihre Hand nehmen – aber er findet sie nicht. Er hat Aktien im Unternehmen gewonnen, aber Ihre faszinierte Arglosigkeit hat er verloren. Sie haben die Krise nicht kommen sehen und es vorgezogen, sie zu leugnen, aber unter seinem fassungslosen Blick bricht sie sich dennoch Bahn. Eine riesengroße Erschöpfung überkommt Sie. Sie haben genug. Genug von seinen Dienstreisen und endlosen Erzählungen, in denen er niemanden zu Wort kommen lässt. Genug davon, die Statistin zu spielen. Wenn Sie sich schon als Single fühlen, dann sollten Sie es auch wirklich sein. Die Illusion einer glücklichen Ehe ist vorbei. In Ihnen lodert ein Feuer auf, Ihre Weiblichkeit entflammt. Sie wollen nur noch weg von dieser Fantasievorstellung, die sich Ehe nennt. Es ist an der Zeit, woanders nach einem Horizont zu suchen, der Ihren Ansprüchen genügt.

Was sagt de Beauvoir dazu?

Simone de Beauvoir hat fast fünfzig Jahre an der Seite von Jean-Paul Sartre verbracht und ist somit zweifelsohne eine gute Gesprächspartnerin über das Leben zu zweit. Indem sich das berühmte Paar gegen die Ehe und für einen Ehepakt entschied, der Freiheit und Vertrauen miteinander verband, hat es die Bedingungen der Liebe neu erfunden. Dafür musste jedoch vor allem die Stellung der Frau in der Ehe und in der Gesellschaft überdacht werden. Denn Simone de Beauvoir schlägt vor, sich nicht in erster Linie auf Konzepte wie Treue oder Ehebruch zu konzentrieren, sondern die Bedingungen weiblicher Identität zu hinterfragen.

Die Krise, in der Sie sich heute wiederfinden, ist letztlich nur das Erwachen aus einem langen Winterschlaf, in den Sie sich geflüchtet haben – ein wenig aus Bequemlichkeit, vor allem aber wegen Ihrer sozialen Konditionierung. Ihren Mann haben Sie über alles verehrt und bewundert, Ihr eigenes Leben jedoch vernachlässigt, sich selbst vergessen und dabei zugelassen, dass Sie vor lauter Langeweile immer unsichtbarer wurden.

Simone de Beauvoir hilft uns dabei, unser Leben wieder in die Hand zu nehmen, Verluste zu begrenzen und uns selbst wiederzufinden. Als sie 1949 ihr Hauptwerk *Das andere Geschlecht* veröffentlichte, sprach sie sich dafür aus, dass die Frau die Herrin ihres Alltags sein sollte. Sie analysierte mit scharfer Klarsicht die Beziehungen zwischen Männern und Frauen und formulierte ihre These, für die sie scharf kritisiert wurde. Die Katholische Kirche setzte ihr Buch sogar auf den Index. Der Kern des Skandals ist ihre Feststellung, dass die Ungleichheit zwischen den Geschlechtern historische und ideologische Komponenten hat. Schlüsselt man die verschiedenen Etappen dieser Entwicklung auf, kann man den Frauen helfen, sich von dem Determinismus zu lösen, in dem sie gefangen sind, und ihr Schicksal wieder in eigene Hände zu nehmen. Denn wenn es für Sie völlig normal ist, sich hinter die Karriere Ihres Mannes zu stellen oder ihm den Vortritt zu lassen, während Sie an die Spülmaschinentabs denken, dann liegt das nicht so sehr daran, dass er es Ihnen aufzwingt, sondern an alteingespielten Gewohnheiten. Wir bauen die meisten unserer Beziehungen so auf, dass wir uns selbst an die zweite Stelle setzen.

Im ersten Band von *Das andere Geschlecht* mit dem Titel *Fakten und Mythen* widmet sich Simone de Beauvoir dieser uralten Last. Welche Einflüsse haben anthropologische, biologische, psychoanalytische, materialistische, historische und literarische Sichtweisen auf unser Verhalten? In jeder ihrer Analysen enthüllt sie den merkwürdigen Mechanismus, der die Frau zu einem abseitigen Individuum macht, das entschieden schwächer ist als der Mann. Doch selbst wenn die biologischen Unterschiede unbestreitbar sind, gibt es keinen Grund, eine Hierarchie zu schaffen, in der der Mann der Frau überlegen ist. Simone de Beauvoir stört sich an der Tatsache, dass alles aus der Sicht des Mannes interpretiert wird – von der Biologie bis zur Geschichte, während der Frau nur die Abgeschiedenheit ihrer Innerlichkeit bleibt. Aus dieser Voreingenommenheit heraus stellen wir mächtige Mythen auf, von denen Frauen sich nur sehr schwer lösen können. Dies gilt für das ewig Weibliche, den Mutterkult, die Jungfrau, die Geopferte etc. Wenn die Frau diesen Bildern nicht entspricht, hat sie versagt und ist dazu verdammt zu enttäuschen. Indem man Frauen mit illusorisch aufwertenden Bildern belegt, hält man sie in ihrem Winterschlaf. Sie gelten als wunderbar, weil Sie Ihrem Mann alle Freiheiten lassen. Die perfekte Frau ist diejenige, die durchsichtig ist.

Im zweiten Band versucht de Beauvoir, das Klischee aufzulösen, dass Frauen als Frauen geboren werden, also auf eine bestimmte Haltung konditioniert sind: »Man wird nicht als Frau geboren, man wird dazu gemacht.« Für sie ist dies eine Frage der sozialen Indoktrination. Nachdem sie sich mit den Mythen beschäftigt hat, widmet sie sich der Erziehung der Frauen von der Kindheit über die Jugend bis hin zu den sexuellen Beziehungen. Die Philosophin zeigt, wie Frauen in jeder Phase gezwungen werden, ihre Ansprüche, Wünsche und Ambitionen aufzugeben, um stattdessen eine passive Rolle zu akzeptieren und dem Mann die aktive Rolle zuzuweisen. Sie untersucht die Rollen von Ehefrauen, Müttern und sogar Prostituierten und zeigt, wie Frauen, anstatt durch Arbeit und Kreativität über sich selbst hinauszuwachsen, auf monotone Existenzen reduziert werden und in mütterlichen oder häuslichen Rollen erstarren.

Aber Vorsicht: Simone de Beauvoirs Überlegungen wollen nicht belehren. Sie legt keine neuen Zwänge fest und stellt auch keine Norm auf. Sie lenkt, ganz im Gegenteil, unsere Aufmerksamkeit auf die Frage nach der Freiheit. Wichtig ist, Entscheidungen selbst zu treffen, und zwar nicht für das eine und gegen das andere, sondern immer abhängig vom individuellen Schicksal. Es geht darum zu entscheiden, was man sein will, nicht als Frau, sondern als ein Mensch wie alle anderen. Demnach soll die Frau nicht mehr »Frau« sein, also das minderwertige Geschlecht. Sich von gesellschaftlich vorgegebenen Werten zu verabschieden bedeutet, zu einem authentischen Verhalten zurückzufinden, sich aus der Unterwerfung zu lösen und nicht mehr nur die Frau zu sein, die man auf der Gala am Jahresende vorführt.

Um dies zu erreichen, zielt Simone de Beauvoir nicht auf den Ehebruch ab, der hier nur Ausdruck einer Rebellion und nicht eines echten Verlangens ist. Was sie rät, ist die Entwicklung des Selbst. Die Emanzipation veranschaulicht sie anhand von praktischen Empfehlungen. Frauen müssen in der Lage sein, sich durch eigene Projekte zu entwickeln und nicht nur, indem sie etwas für andere tun. Eine Frau zu sein bedeutet, unter den gleichen Bedingungen wie ein Mann zu denken, zu handeln, zu arbeiten und etwas zu erschaffen. Anstatt die Männer schlecht zu machen, erklärt sie sich für gleichwertig. Diese Gleichheit wird auch durch gesellschaftliche Veränderungen erreicht, die Frauen ihre Unabhängigkeit ermöglichen, wie die Empfängnisverhütung oder die Chance finanzieller Freiheit.

Wenn Sie in Ihrem Konferenzraum sitzen, ist es an der Zeit, sich von der Last Ihrer Aufgaben und Samstagabendverpflichtungen zu lösen! Das heißt keineswegs, dass Sie sich ins Chaos stürzen sollen. Gehen Sie auf sich selbst zu und verstehen Sie, dass dieses Leben Ihnen gehört. Die idealisierten Erinnerungen an Ihre Ehe sind vorbei. Auf Sie wartet etwas Neues – Ihre Freiheit. Und es liegt an Ihnen, diesen Weg zu beschreiten. Warum sollten Sie nicht anstelle eines Geliebten Ihr Leben umarmen und aktiv gestalten? Indem Sie Risiken eingehen, werden Sie zu der, die Sie wirklich sind.

Ein paar Zeilen zu de Beauvoir
(1908–1986)

Simone de Beauvoir wurde 1908 in Paris im Stadtteil Montparnasse geboren. Nach dem Ersten Weltkrieg und der Russischen Revolution verarmten ihre Eltern, die bourgeoise Familie musste umziehen und ihren privilegierten Lebensstil aufgeben. Im Gegensatz zu den anderen Mädchen ihrer sozialen Klasse wusste Simone de Beauvoir daher schon früh, dass sie einen Beruf erlernen musste, um ihren Lebensunterhalt zu verdienen. Wie ihre Schwester besuchte sie eine streng katholische Privatschule und beschloss mit fünfzehn Jahren, Schriftstellerin zu werden.

Nach dem Abitur schrieb sie sich 1925 am Institut Catholique ein, um ein Mathematikzertifikat zu erwerben, und darüber hinaus am Institut Sainte-Marie in Neuilly, um Literatur zu studieren. Eine Lehrerin bemerkte ihr Talent für Philosophie und riet ihr, sich für die Agrégation anzumelden. So ging sie trotz der Vorbehalte ihrer Mutter gegenüber der laizistischen Bildung zum Studium an die

Sorbonne. Dort lernte sie die Philosophen Paul Nizan und Jean-Paul Sartre kennen. Sie war die einzige Frau in der Gruppe. Simone de Beauvoir wurde bei der Agrégation als Zweitbeste nach Sartre aufgenommen. Ihre Verbindung intensivierte sich, insbesondere auf intellektueller Ebene. Ohne je zu heiraten, hielt ihre Beziehung fast fünfzig Jahre lang. Nach ihrem Abschluss unterrichtete de Beauvoir in Marseille, Rouen und Paris. 1943 veröffentlichte sie ihren ersten Roman, *Sie kam und blieb,* und später philosophische, vom Existentialismus inspirierte Werke, insbesondere *Das andere Geschlecht* (1949), das zu einem Referenzwerk des Feminismus wurde. Für ihren Roman *Die Mandarins von Paris* erhielt sie 1954 den Prix Goncourt. Sie veröffentlichte Theaterstücke und Essays und reiste viel, von Russland nach China, in die USA, nach Kuba und Brasilien. Unentwegt entwickelte sie ihr Denken weiter und engagierte sich politisch. In den USA lernte sie ihre »transatlantische Liebe«, den Schriftsteller Nelson Algren kennen, mit dem sie eine mehrjährige leidenschaftliche Beziehung führte. Mit den *Memoiren einer Tochter aus gutem Hause* begann sie 1958 ihre Autobiografie, die sie in zwei weiteren Bänden fortsetzte: *In den besten Jahren* (1960) und *Der Lauf der Dinge* (1963). In diesen Büchern seziert sie stets ihre eigene Existenz. Simone de Beauvoir starb im Alter von achtundsiebzig Jahren und wurde neben Jean-Paul Sartre auf dem Friedhof Montparnasse beigesetzt. So sind sie für die Ewigkeit vereint.

Das Buch für den Krisenfall

Das andere Geschlecht. Sitte und Sexus der Frau

Bei seinem Erscheinen 1949 löste dieses feministische Buch einen großen Skandal aus und erlangte kurz darauf weltweit Kultstatus. Beauvoir schrieb es jedoch nicht, um zu schockieren, vielmehr war es ihr Ziel, eine Bestandsaufnahme der Situation der Frauen zu machen. Das Werk enthält zahlreiche historische und philosophische Referenzen und eignet sich perfekt, um sich für den Kampf gegen den Determinismus zu wappnen.

Philosophie hilft!

- Die Gesellschaft sperrt Frauen in Mythen ein, um zu rechtfertigen, dass sie im Vergleich zu Männern als minderwertig gelten.
- Die Erziehung beeinflusst das Verhalten der Frauen und verurteilt sie zu einer passiven und damit unterwürfigen Rolle.

- Die Unabhängigkeit der Frauen entsteht durch ihre Bereitschaft, Projekte zu entwickeln, sowie durch soziale Maßnahmen. Auf diese Weise können sie zu Menschen wie alle anderen werden.

Mit Camus im Grünen

Oder: Natur und Sinnlichkeit

Sie sind ein Stadtmensch durch und durch. Lange Zeit dachten Sie, Erdbeeren seien Früchte, die man mitten im Winter anbaut. Sie interessieren sich für viele Bereiche, aber die Natur war für Sie ein dunkler, fast unzugänglicher Ort. Sie kannten weder ihre Zeichen noch ihre Funktionsweise, geschweige denn die Zeitabläufe. Ihre Erfahrungen mit Pflanzen beschränkten sich auf die Bäume entlang der Bürgersteige und auf Kirschtomaten zum Aperitif. Sie sind so sehr urbanes Wesen, dass der Lärm einer U-Bahn Sie besser in den Schlaf wiegt als das Rauschen der Wellen oder des Herbstwindes.

Seit Ihrer Kindheit waren Sie davon überzeugt, es gäbe zwei strikt voneinander getrennte Kategorien von Menschen: diejenigen, die für die Stadt gemacht sind, und diejenigen, die für die Natur gemacht sind. Stadtmäuse und Landmäuse. Sie konnten auch nicht nachvollziehen, wie einige Stadtmenschen an Wochenenden oder in den Ferien in ihrer Typologie schwankten und von grünen Weiden oder dem Meereshorizont schwärmten. Ihnen erschien es schlichtweg unwahrscheinlich, den Komfort der Stadtplanung zu verlassen. Metropolen waren das Beste.

Sie priesen unentwegt die Vorzüge eines Lebens zwischen den U-Bahn-Stationen.

Wenn man Sie fragte, ob Sie in dieser grauen Umgebung nicht erstickten oder ob Sie das anstrengende Tempo der Stadt nicht bedrückte, antworteten Sie, das Gegenteil sei der Fall, es beruhige Sie nämlich. Sie waren sich zwar bewusst, dass die Natur Schutz braucht, aber deshalb mussten Sie ja nicht gleich darin leben. Ein Eichhörnchen oder einen Delfin im Fernsehen zu sehen reichte aus, um Sie zu berühren. Ihre Eltern hatten genauso gelebt wie Sie, und das schien eine sehr weise Entscheidung zu sein. Sie gingen beschäftigt und konzentriert durchs Leben und waren sich sicher, viel zu erreichen. Das Wohnen in der Stadt würde Ihren Erfolg nur beschleunigen. Am Strand oder in den Bergen konnte man Ihre Ziele nicht erreichen.

Sie dachten, Ihr Standpunkt würde sich niemals ändern, als wäre er in Stein gemeißelt. Doch einige Jahre nach Ihrer ersten Anstellung begannen Sie seltsame Symptome zu entwickeln. Abends auf dem Heimweg wurden Sie immer müder. Es waren nicht so sehr die Belastungen des Tages, die Ihnen zu schaffen machten, sondern eine unerklärliche Art von Mattigkeit. Auch in den Verkehrsmitteln wurden Sie immer ungeduldiger. Sie waren genervt, vor allem von Ihren Mitmenschen. Sie fühlten sich von sich selbst abgeschnitten, konnten nicht mehr erkennen, was Ihnen Freude bereitete, und Ihr sozialer Aufstieg war Ihnen gleichgültig geworden. Eine Ihrer Freundinnen, die sich über Ihr Verhalten wunderte, riet Ihnen, »einfach mal an die frische Luft zu gehen«. Sie fanden diesen Ratschlag furchtbar klischeehaft. Sie waren nicht so ein Stadtmensch, der sein Unwohlsein mit jodhaltiger Luft und Waldspaziergängen kuriert. Also beschlossen Sie, sich zusammenzureißen. Ganz sicher würde diese depressive Stimmung irgendwann vorübergehen. Doch der Gedanke begann sich in Ihrem Kopf einzunisten. Sie ertappten sich dabei, wie Sie sich heimlich Wandermagazine ansahen, und dachten sogar darüber nach, an einem Samstag ein Picknick im Wald zu machen. Diese Träumereien verwirrten Sie und ließen Sie mit dem Gefühl zurück, Ihre innersten Überzeugungen zu verraten. Schließlich gaben Sie nach.

An diesem Morgen sind Sie ohne jegliche Energie aufgewacht, eine Halsentzündung kündigt sich an, und der Lärm der Nachbarin über Ihnen gibt Ihnen den Rest. Kurzum, Sie sind übelst gelaunt und bereit, jeden zu hassen, der es wagt, Sie anzusprechen. Da beschließen Sie, den Tag in der von Ihren Artgenossen so gefeierten Natur zu verbringen. Nachdem Sie sich Turnschuhe angezogen und ein wenig auf der Karte recherchiert haben, finden Sie sich am Rande des nächstgelegenen Waldes wieder. Fieberhaft folgen Sie dem dezent markierten Weg. Plötzlich steigt Ihnen ein Orkan von Düften in die Nase. Alle Ihre Sinne werden aktiv, Ihr Geist ist entzückt von all der Schönheit und der unermesslichen Stille ringsherum. Plötzlich fühlen Sie sich sehr lebendig, aber auch unendlich klein, als seien Sie Teil von etwas, das viel größer ist als Sie. Sie betrachten die Vegetation mit einem Gefühl von Demut, das Sie bislang nicht kannten, und fühlen sich neben diesen jahrhundertealten Bäumen ziemlich verletzlich. Ihr ganzer Alltag rückt in ein neues Licht. Sie lassen Ihre Vorbehalte fallen, um besser mit der Natur verschmelzen zu können – mit der Luft, mit den Tieren, den Steinen und Böden. Sie, der eingefleischte Stadtmensch, sind in Ekstase, entgegen all Ihrer Vorurteile sind Sie so glücklich wie nie zuvor, berauscht vom Gefühl, am richtigen Ort zu sein. Auf dem Weg zurück nach Hause sind Sie verblüfft von der Erfahrung, die Sie soeben gemacht haben, Sie fühlen sich verändert und überwältigt. Dieses Gefühl möchten Sie mit allen teilen, und Sie empfinden eine neue Zärtlichkeit für die Menschen um Sie herum. Sie träumen davon, es noch einmal zu versuchen und alle Geheimnisse der Natur zu entdecken. Was ist nur passiert? Hat jemand Sie verhext? Haben Sie etwa Pilze konsumiert? Sie verstehen gar nichts mehr. Sie brauchen jemanden, der Ihnen bei der Orientierung hilft.

Was sagt Camus dazu?

In einer frühen autobiografischen Erzählung aus dem Band *Hochzeit des Lichts* finden sich bereits viele Aspekte von Albert Camus' Philosophie wieder. Er schreibt darin, er sei arm und ohne Religion geboren worden, aber unter einem glücklichen Himmel, weshalb ihn ein harmonisches und kein feindseliges Gefühl mit der Natur verbinde. Sein Leben, ergänzt er, habe mit einem Gefühl der Fülle und nicht der Zerrissenheit begonnen. Daher können wir von Camus keine Lobpreisung des Stadtlebens erwarten, die Verbindung mit der Natur prägt in vielfältiger Form sein ganzes Œuvre. Darin beschreibt er meist mediterrane Landschaften und helle, sonnendurchflutete Orte – eine Natur, von der er als unverzichtbarer Quelle des Glücks und der Bewusstwerdung erzählt. Er ist daher der ideale Philosoph, um Sie durch das Dickicht zu führen.

Heute sind Sie verunsichert, weil Sie die Natur auf Distanz gehalten und ihr entsagt haben. Sie haben geglaubt, Sie könnten auf sie verzichten, und dass sie nur eine Lebensentscheidung ist, die Sie wohlweislich abgelehnt haben. Ihrem flüchtigen Stadtmenschenblick ist aber etwas entgangen: Die Natur ist nämlich nicht mehr und nicht weniger als das, was uns die Schönheit des Daseins und seine Zerbrechlichkeit wahrnehmen lässt.

Albert Camus' Zugang zum Thema Natur ist der

Mensch. Er feiert sie durch die Beziehung, die wir zu ihr haben, und macht sie zu einem zentralen Element seiner Überlegungen. Die Natur ist nicht nur ein Wochenendziel, ein Ausweg aus dem Alltagstrott, sondern vor allem ein Mittel, um sich mit der Welt zu versöhnen. In der Stadt ist unser Geist unruhig und ständig damit beschäftigt, sein Schicksal zu verstehen. Im Mittelpunkt von Camus' Denken steht der Gedanke, dass wir aufhören müssen, an die Illusion einer Welt zu glauben, deren Bedeutung wir entschlüsseln können. Nur wenn der Mensch die Absurdität des Lebens, also das Fehlen eines letzten Ziels, akzeptiert, kann er sich von seiner Enttäuschung, seiner Niedergeschlagenheit, seiner ständigen Erwartungshaltung befreien und sich endlich der Gegenwart, dem Hier und Jetzt, stellen. Und nichts steht mehr für das unmittelbare Hier und Jetzt als die Natur.

Fernab von Städten und Gebäuden kann der Mensch die Symphonie der Sinne genießen, die durch die Natur entfesselt wird. Ein Spaziergang im Grünen, ein Streifzug durch den Wald oder das Schwimmen im offenen Meer bedeuten eine Rückkehr zum Ursprünglichen. In seinem Buch *Hochzeit in Tipasa* hält Camus eine poetische Lobrede ans Nacktbaden im Meer, an die seit Urzeiten anhaltende liebkosende Berührung zwischen Strand und Brandung. Indem er die Sinne betont, den körperlichen Aspekt, verdeutlicht Camus die Intensität seiner Aussage, die Dringlichkeit, uns eher vom Körper als vom Kopf leiten zu lassen. Er plädiert dafür, dass wir die Absurdität der menschlichen Existenz akzeptieren, damit wir uns von der Unmittelbarkeit der Empfindungen berauschen lassen können. Die unmittelbare Konfrontation mit der Natur, die lebt, sich verändert und durch die Jahreszeiten wandert, von der Jugend des Frühlings bis zur Schwelle des Winters, macht uns unserer Sterblichkeit bewusst. Im Gegensatz zur Natur haben wir nur einen einzigen Zyklus, unser Ende ist unausweichlich. Wir sind also zu Klarsicht und Bescheidenheit aufgefordert und dazu, das Hier und Jetzt auszukosten. Diese Gedanken sind keine düstere Vision, sondern ermöglichen es uns, die einfache Freude am Dasein wiederzufinden, mit den Elementen im Einklang zu sein und am »großen Atmen der Welt« teilzuhaben.

Wenn wir die Natur ablehnen und uns von den Küsten fernhalten, schneiden wir uns nicht nur von uns selbst, sondern auch von den anderen ab. Denn die Natur verbindet uns auch mit anderen Menschen, weil sie die menschliche Natur einschließt und uns schließlich zur Liebe führt. So gesehen wird die Natur zu einer Ode an die Sinnlichkeit, an das Verlangen und an alles, was uns lebendig macht. Indem der Mensch die Natur nachahmt, verfügt er über die Bedingungen für sein Glück. Die Erschütterung, die Sie spüren, ist die Erschütterung Ihrer endlich wiedererwachten Instinkte. Das macht doch Lust auf ein Wochenende an der frischen Luft.

Ein paar Zeilen zu Camus
(1913–1960)

Albert Camus wurde am 7. November 1913 in Mondovi, Algerien, geboren und wuchs in einem Arbeitervorort von Algier auf. Als Halbwaise – der Vater war im Krieg gefallen – wurde er von seiner Mutter, einer Putzfrau und Analphabetin, großgezogen. Er begeisterte sich für die Schule und den Fußball. Ein prägendes Erlebnis in seiner Erinnerung war sein Krankenhausaufenthalt nach einer Tuberkuloseerkrankung. 1932 schloss er sein Abitur ab und begann ein Philosophiestudium. Im selben Jahr veröffentlichte er seine ersten Artikel in einer Studentenzeitschrift. 1934 heiratete er Simone Hié und musste verschiedenen Jobs nachgehen, um sein Studium und ihren gemeinsamen Lebensunterhalt zu finanzieren. 1935 trat er der kommunistischen Partei bei, verließ sie aber bereits 1937 wieder, da er dem Systemdenken misstraute. Nach seinem Abschluss in Philosophie gründete er 1936 das Théâtre du Travail und schrieb mit drei Freunden das Stück *Revolte in Asturien*, das verboten wurde. Camus bearbeitete zahlreiche Texte zu Theaterstücken, in denen er auch auftrat – darunter die Novelle *Die Zeit der Verachtung* von André Malraux, den er bewunderte. Er wurde Journalist bei der Tageszeitung *Alger républicain* und berichtete über politische Prozesse und alle Gerichtsfälle. Angesichts des bevorstehenden Krieges ging er nach Paris und setzte seine Karriere bei der Tageszeitung *Paris-Soir* fort. Von Simone Hié ließ er sich scheiden und heiratete Francine Faure. 1942 war Camus in der Widerstandsbewegung aktiv und veröffentlichte *Der Fremde* sowie *Der Mythos von Sisyphos*. Der Erfolg verhalf ihm zu Bekanntheit. Er lernte Jean-Paul Sartre kennen, ihre Freundschaft zerbrach jedoch bald in einem Streit. 1945 veröffentlichte er das Theaterstück *Caligula* und anschließend den Roman *Die Pest*. Der Algerienkrieg belastete ihn seelisch so schwer, dass er für einen Aufruf zur Versöhnung nach Algier reiste – vergeblich. 1957 erhielt er den Nobelpreis für sein Gesamtwerk, das »Gewissensprobleme des modernen Menschen beleuchtet«, wie es in der Begründung der Jury hieß. Seine Dankesrede widmete er Louis Germain, seinem Grundschullehrer, der es ihm ermöglicht hatte, seine Ausbildung fortzusetzen. Er hätte André Malraux als Preisträger vorgezogen, den er ebenfalls als seinen Lehrer betrachtete. Am 4. Januar 1960, als er mit dem Zug nach Paris fahren wollte, bot ihm der Verleger Michel Gallimard an, ihn in seinem Auto mitzunehmen. In der Nähe von Sens verlor Gallimard aus unbekannten Gründen die Kontrolle über das Fahrzeug, wodurch der Wagen verunglückte. Albert Camus als Beifahrer war auf der Stelle tot. In einer seiner Taschen befand sich seine Zugfahrkarte. Die Absurdität des Daseins, in seinen Werken so oft beschrieben, hatte ihn eingeholt.

Das Buch für den Krisenfall

Hochzeit des Lichts

In *Hochzeit des Lichts* (1939), das aus vier autobiografisch-lyrischen Erzählungen besteht, sind bereits Albert Camus' wichtigste Themen enthalten: die Sonne, die Einsamkeit, die Absurdität des menschlichen Daseins, die Begeisterung für die Natur, aber auch seine Meditationen über die *Condition Humaine* und die unausweichliche Suche nach Glück.

Philosophie hilft!

- Zeit in der Natur zu verbringen bedeutet, den gegenwärtigen Moment zu genießen und das Leben zu feiern.
- Die Natur zwingt uns dazu, uns auf unsere Sinne zu konzentrieren, anstatt nach Bedeutungen zu suchen, die nicht zu finden sind.
- Die Natur zu lieben bedeutet auch, andere Menschen zu lieben, mit dem, was uns umgibt, in Harmonie zu leben und damit glücklich zu sein.

Valéry weiß, wie man handelt

Oder: Der Mut, seine Schüchternheit abzulegen

Wie so oft hat es in der Schule angefangen. Sie waren der große Junge im hinteren Teil der Klasse, von dem die Lehrer so wenig wussten, dass sie Sie regelmäßig für einen neuen Schüler hielten, irgendwann im Laufe des letzten Jahres dazugekommen. Sie waren weder Rebell noch Streber, sondern der unauffällige Typ, der in jeder Unterrichtsstunde betet, nicht dranzukommen. Im Laufe der Jahre hatten Sie sich zu einem Experten für Tarnung und Unauffälligkeit entwickelt. Ihr einziges Ziel: übersehen werden. Ob beim Familienessen oder im Alltag, die Herausforderung war immer die gleiche: Solange Sie nicht mit Ihrer Schüchternheit konfrontiert wurden, war alles gut.

Eines Tages sollten Sie ein Referat vor der Klasse halten, doch als Sie Ihren sorgfältig vorbereiteten Text vorlesen wollten, wurden Sie so rot, als würden Sie gleich explodieren. Ihre Augen füllten sich mit Tränen, und Sie brachten kein Wort heraus. Es folgte eine Flut ungläubiger Reaktionen: »Was ist denn mit dir los? Du hast doch nicht etwa Angst?« Unfähig zu antworten fiel Ihnen nur eine Lösung ein: den Kopf einziehen und hoffen, dass die anderen schnell das Thema wechseln würden.

Angst war jedoch genau das, was Sie fühlten. In jeder wichtigen Situation lähmte Sie die Überzeugung, jede Handlung würde Sie nur lächerlich machen und Sie unnötig dem Spott der anderen aussetzen. Indem Sie sich abseitshielten, waren Sie vor dem Risiko geschützt und in völliger Sicherheit. Ihre Unscheinbarkeit war so ausgeprägt, dass selbst Ihre Eltern sich angewöhnt hatten, von Ihnen in der dritten Person zu sprechen: »Du weißt ja, wie er ist! Immer in seiner eigenen Welt!« Natürlich waren Sie manchmal frustriert, weil Sie nicht eingreifen konnten, wenn Sie die richtige Antwort hatten oder wenn ein Thema angesprochen wurde, bei dem Sie sich besonders gut auskannten. Aber das war durchaus erträglich im Vergleich zu dem Erdbeben, das allein die Vorstellung auslöste, mit jemandem zu sprechen, zu stören, eine Frage zu stellen, Ihre Meinung zu sagen, oder, noch schlimmer, einen Fehler zu machen. Mut war für Sie so unerreichbar wie der Horizont.

Als Sie erwachsen wurden, besserte sich das nicht wirklich. Bei einem Vorstellungsgespräch ließen Sie sich sogar von Ihrem Gesprächspartner mit einem anderen Vornamen anreden, weil Sie sich nicht trauten, ihn auf seinen Fehler hinzuweisen. Als er Ihren Lebenslauf las und Sie verwirrt ansah, lachten Sie nur verlegen und wurden sofort hinausbegleitet. Mit der Zeit störte Sie so etwas nicht einmal mehr, denn wegen Ihrer Schüchternheit hatten Sie so viele Chancen verpasst, dass es sinnlos war, sie alle aufzuzählen.

Sie hätten noch eine Weile in Ihrem Panzer bleiben können, in dem Glauben, eine Veränderung würde nur Ärger mit sich bringen – aber dann war da diese Frau, die Ihnen jeden Morgen auf dem Weg zur Arbeit begegnete.

Natürlich war sie Ihnen gleich aufgefallen, aber allein die Vorstellung, sie zu grüßen, trieb Ihnen schon den Angstschweiß auf die Stirn. Auch sie hatte Sie entdeckt und schien einem Gespräch nicht abgeneigt, doch anstatt ihre Kontaktfreude zu erwidern, wandten Sie sich ab, sobald sie Sie anlächelte. Sie redeten sich ein, es nur geträumt zu haben. Glücklicherweise entspannten Sie sich mit der Zeit, denn Sie begegneten sich täglich. Nach und nach lernten Sie die Fremde kennen, Sie grüßten sie häufiger und zwinkerten ihr gelegentlich zu. Nach ein paar Wochen luden Sie sie sogar zu einem Abendessen mit anschließendem Kinobesuch ein. Diese Frau gefällt Ihnen so gut, dass Sie es jetzt sogar geschafft haben, Ihre Angst zu überwinden und die Stimme in Ihrem Kopf zum Schweigen zu bringen, die Ihnen sonst immer zuflüstert: »Du bist eine Niete, du wirst es vermasseln.«

Das ist auch gut so, denn das Abendessen verläuft wunderbar, und sie ist anscheinend begeistert. Nun ist es an der Zeit, an den nächsten Schritt zu denken – und schon holt Ihre Schüchternheit Sie wieder ein. Unfähig, dem Film zu folgen, hoffen Sie, sich in einen selbstbewussten und entschlossenen Hollywoodhelden zu verwandeln. Aber als Sie handeln wollen und Ihr Popcorn fallen lassen, um ihre

Hand zu nehmen oder sie vielleicht sogar zu küssen, sind Sie wieder völlig erstarrt. In Ihrem Kopf läuft keine romantische Komödie, sondern ein Katastrophenfilm. Die Stimme in Ihrem Kopf ist nicht nur wieder da, sie fängt sogar an zu schreien. Sie malen sich das Schlimmste aus, sehen das ungünstigste Szenario auf sich zukommen, als wären Sie wieder in der Schule oder bei einem Vorstellungsgespräch. Ihre Panik vor all dem, was Sie sich ausmalen, macht Sie ganz hektisch, Sie kippen Ihre Wasserflasche um, fangen an zu husten und zappeln ohne Grund herum. Sie haben Lampenfieber. Ihre Freundin fragt besorgt, ob alles in Ordnung ist, aber Sie können als Antwort nur blöde kichern. Sie rutschen in Ihrem Sitz hin und her und ärgern sich jetzt schon über Ihr Zaudern. Sie müssen unbedingt aktiv werden, sonst wird Ihre Schüchternheit dazu führen, dass Sie wieder einmal eine Chance verpassen, von der vielleicht Ihr ganzes Schicksal abhängt.

Was sagt Valéry dazu?

Der Dichter, Essayist und Philosoph Paul Valéry war ein professioneller Denker, und er war darin so gut, dass er als streng galt. Also jemand, der im Kino nicht flirtet. Doch wer ihn so darstellt, übersieht das Feuer, die Leidenschaft und Souveränität in vielen seiner Texte, angefangen bei seiner denkwürdigen Formel: »Der Wind hebt an, wir müssen versuchen zu leben!« Was gibt es Besseres als einen Appell an den Mut, um aus einer unglücklichen Sackgasse herauszukommen?

Schüchterne Menschen wissen nur zu gut, dass es nichts Schlimmeres gibt als den Mangel an Tatkraft. Ihr Problem rund um den Kuss im Kino erklärt sich durch Ihre Untätigkeit im entscheidenden Moment. Ihre Unsicherheit führt dazu, dass Sie mal weinen, mal flüchten und dafür zurückweisende Blicke und Bedauern ernten. Zusammengefasst: Sie provozieren Ihr Scheitern, indem Sie es voraussehen.

Paul Valérys Arbeitsweise, also seine Art zu denken, ist einzigartig, was ihm zweifellos seinen besonderen Status in der Geschichte der Philosophie eingebracht hat. Sein Ansatz besteht zum großen Teil darin, Begriffe, die als banal gelten, zu hinterfragen. Es ist ihm ein großes Anliegen, falsche Selbstverständlichkeiten unter die Lupe zu nehmen. Aus diesem Grund beschäftigt er sich auch mit dem Thema Schüchternheit. Denn was steckt hinter einem rot anlaufenden Gesicht und diesem albernen Kichern? Hinter dem plötzlichen Erstarren der Sprache und manchmal sogar des Körpers? Mit diesen für einen Philosophen ungewöhnlichen Fragen nähert er sich seinem Studienobjekt. Sehr schnell gelingt es ihm, den Mechanismus zu beschreiben: Schüchternheit ist ein Mangel an Mut, sie ist jedoch nicht mit einer angeblichen Feigheit verbunden, sondern lässt sich durch ein Übermaß an Wissen erklären.

Tatsächlich ist Schüchternheit eine Art des Vorausschauens, Risiken zu visualisieren, sich vorzustellen, wie sich die Klassenkameraden während eines Referats über unsere Stimme lustig machen, oder sich auszumalen, wie die Frau unserer Träume uns eine Ohrfeige verpasst, statt unseren Kuss zu erwidern. Diese negativen Projektionen sind nicht völlig absurd, sondern basieren auf einer Analyse der Situation und der menschlichen Natur. Sie sind eine Art der Visualisierung unterschiedlicher Möglichkeiten. Angst ist nie völlig unbegründet, man kann sie nicht einfach leugnen. Was kann man also tun, um sich nicht von der Panik überwältigen zu lassen? Paul Valéry bietet uns einen fabelhaften Hebel, um unseren Ängsten entgegenzuwirken: Man muss vieles ignorieren, ausblenden, um handeln zu können! Das ist der Schlüssel: Wir müssen uns trauen, Dinge zu ignorieren.

In der Praxis bedeutet das, über unser Nichtwissen und Ignorieren nachdenken zu müssen. Man könnte meinen, die Welt teile sich auf in diejenigen, die wissen und nicht handeln, und diejenigen, die handeln, weil sie nicht wissen. Der einzige Ausweg aus der Schüchternheit wäre demnach der tragische Wunsch, unwissend zu werden. Zum Glück gibt es aber auch eine andere Interpretation. In Wirklichkeit existieren zwei Kategorien von Nichtwissenden: Diejenigen, die wirklich unwissend sind, und die anderen, die wissen, wie man das, was man weiß, ignoriert. Der Handelnde kennt zwar die Risiken, die er eingeht, und die Gefahren dessen, was er anstrebt, aber es gelingt ihm, sich zum Handeln zu entscheiden, indem er beides ausblendet. Paul Valérys Vorschlag ist daher ein Handeln in zwei Schritten. Zunächst geht es darum, zur Reflexion fähig zu sein, das Für und Wider abzuwägen, um sich später für das Für zu entscheiden. Denn wir können davon ausgehen, dass in jeder Situation immer auch die Chance auf eine positive Wendung besteht – das ist genauso wahrscheinlich wie ein Misserfolg. Ihre Klassenkameraden werden Sie mögen, Ihr Arbeitgeber wird beeindruckt sein, Ihre Freundin wird Sie unwiderstehlich finden. Warum wählen Sie also nicht die positive Variante, um sich zu motivieren?

Auf diese Weise verbinden Sie Risikobewusstsein mit Handlungsfähigkeit. Man muss durch das Wissen hindurchgehen, um sich dann von ihm zu befreien. Schüchtern zu sein bringt oft die Erkenntnis mit sich, dass das Bedauern viel schmerzhafter ist als die Gefahren. Aber anstatt allzu mutig zu sein, was einem Sprung ins Leere gleichkäme, fordert der Philosoph uns auf, auf die Freiheit zu zielen, uns also vom Wissen zu befreien, Ballast abzuwerfen und Unwissenheit zu wagen. Lassen Sie also die Stimme in Ihrem Kopf erst mal sprechen, um sie dann besser ausschalten zu können. Versuchen Sie es, denn nur so werden Sie Erfolg haben!

Ein paar Zeilen zu Valéry
(1871–1945)

Paul Valéry wurde 1871 in Sète geboren und wuchs in einer bürgerlichen und gebildeten Familie auf. Sein Vater war korsischer Herkunft, seine Mutter stammte aus Genua. Er begann ein Jurastudium und lernte 1890 den Dichter Pierre Louÿs kennen. Dieser machte ihn mit André Gide und Stéphane Mallarmé bekannt. Von ihnen inspiriert begann er Gedichte zu schreiben. In der Nacht vom 4. auf den 5. Oktober 1892, die als »Nacht von Genua« in die Literaturgeschichte eingehen sollte, geriet er in eine intensive metaphysische Krise. Er beschloss, der Liebe abzuschwören und sich ganz dem Leben des Geistes zu widmen. Dieses Ereignis markierte seiner Meinung nach den Beginn seiner Arbeit. Zwei Jahre später zog er nach Paris und wurde Redakteur im Kriegsministerium. Er enthielt sich der Dichtung und verschrieb sich der Philosophie, insbesondere der Erkenntnistheorie. Seit 1900 schrieb er jeden Morgen in seine größtenteils posthum veröffentlichten *Cahiers/Hefte,* in denen er seine intimen und intellektuellen Gedanken festhielt. Er heiratete Jeannie Gobillard, mit der er drei Kinder hatte. 1917 kehrte er schließlich auf Anregung seines Freundes Gide zur Lyrik zurück. Er veröffentlichte *Die junge Parze*, ein Langgedicht in fünfhundertzwölf Versen, an dem er vier Jahre lang gearbeitet hatte. Danach erschien *Der Friedhof am Meer*, ein ähnlich langes Gedicht, das ihm Anerkennung und Popularität als Dichter einbrachte. 1925 wurde er in die Académie française gewählt, wo er den Sitz von Anatole France übernahm. In seiner Antrittsrede lobte er seinen Vorgänger, ohne dessen Namen zu erwähnen, um sich von ihm zu distanzieren, da dieser einen Text von Mallarmé kritisiert hatte. Valéry wurde zum Commandeur de la Légion d'honneur befördert, in den Rat der Nationalmuseen aufgenommen und zum Administrator des Centre Universitaire Méditerranéen in Nizza berufen. 1937 wurde für ihn der Lehrstuhl für Poetik am Collège de France eingerichtet. Schließlich machte die SACEM (Gesellschaft zur Verwaltung der Rechte ihr angehörender Künstler im Bereich der Musik) ihn zu ihrem Ehrenpräsidenten, was seine Bedeutung in der französischen Kulturlandschaft weiter stärkte. Valérys vielfältiges Werk umfasst literarische, poetische, philosophische und politische Werke. Während der Zeit der deutschen Besatzung hielt er die Grabrede auf den »Juden Henri Bergson«. Da er sich weigerte, mit der französischen Regierung zusammenzuarbeiten, verlor er seinen Posten in der Académie française. Paul Valéry starb wenige Wochen nach Kriegsende. General de Gaulle ordnete ein Staatsbegräbnis an, um diesem vielseitigen Intellektuellen einen würdevollen Abschied zu geben.

Das Buch für den Krisenfall

Choses tues. Cahier d'impressions et d'idées (in: Cahiers/Hefte)

Als Sammlung von Fakten und Notizbuch für Eindrücke und Ideen ist *Choses tues* (1930) repräsentativ für Paul Valérys Arbeit. Darin mischt er Lyrik und Reflexionen und schafft einen Dialog zwischen beiden. Er hinterfragt zahlreiche Begriffe, betrachtet die Dinge, die uns umgeben, aus der Distanz und bietet eine aussagekräftige wie einzigartige Art des Philosophierens.

Philosophie hilft!

- Schüchternheit entsteht aus dem Bewusstsein für Risiken. Die Angst lähmt das Handeln.
- Es gibt jene, die wirklich unwissend sind – und jene, die wissen, wie man sein Wissen ignoriert.

Um zu handeln und Schüchternheit zu bekämpfen, müssen wir Letzteres tun.

- Mutig zu sein bedeutet, sein Wissen beiseitezulegen und zur Tat zu schreiten. Es bedeutet, sich zu trauen, sein Wissen zu sortieren und sich nur auf das zu konzentrieren, was uns motiviert.

#Baudrillard-Lovers

Oder: Zurück zur Realität

Es ist ein ganz normaler Reflex gleich nach dem Aufwachen. Im Halbschlaf greifen Sie nach dem Handy, unter dem Vorwand, auf die Uhr schauen zu wollen, aber im Grunde wissen Sie, dass Ihre Finger Sie sogleich zu den sozialen Netzwerken manövrieren werden. Nur mal kurz nachsehen, was im virtuellen Garten gerade los ist. News, ein paar private Nachrichten, neue Kommentare und Fotos, die Sie staunend runterscrollen. Genau das Richtige, um in den Tag zu kommen und Mut zu schöpfen, um in die Schule zu gehen. Sie gehören zu den Digital Natives und sind darauf ziemlich stolz.

Ihre Eltern erzählen Ihnen manchmal »von früher«. Das Leben ohne Internet und Handy, als man Verabredungen nicht per SMS absagen und kein Essen über eine App nach Hause liefern lassen konnte. Das amüsiert Sie, und es fällt Ihnen schwer, sich ein solches Leben vorzustellen. Für Sie gehört die Ära vor dem WLAN zum prähistorischen Zeitalter. Ihr Alltag wird von Ihrer Internetverbindung bestimmt. »Willst du das Handy nicht mal weglegen?«, werden Sie ab und zu von Ihren Eltern gefragt, die Ihnen vorwerfen, süchtig danach zu sein. Aber das erscheint

Ihnen total übertrieben, zumal die beiden wie gestochen zu ihrem Handy rennen, sobald eine berufliche E-Mail aufploppt. Die Welt hat sich einfach verändert, und die Jugendlichen verkörpern einfach diese neue Zeit. Es gibt keinen Grund zur Panikmache oder Nostalgie, man muss das Neue einfach nur richtig nutzen.

Am Anfang hatten Sie am meisten Spaß daran, Ihr Leben, Ihre Gefühle und Ihre Schwärmereien mit Ihren Mitschülerinnen und Mitschülern zu teilen. Danach haben Sie Videos und Fotos gepostet, um sie zum Lachen zu bringen, aber auch, um in ständiger Verbindung mit Ihrer Clique zu sein. Sie können jeden Moment, den Sie erleben, in den verschiedenen Netzwerken teilen, er bietet Raum für Kommentare, Austausch und Reaktionen aller Art. Sie haben das Gefühl, Teil einer großen Gemeinschaft zu sein, in der sich alle zusammen mit jeglichen Unwägbarkeiten der Pubertät auseinandersetzen: Eltern, die einem auf die Nerven gehen, Liebeskummer, ätzende Lehrer etc. Alles kann gesagt werden, ohne Scham und vor allem in der Hyperunmittelbarkeit. Sie fühlen sich verstanden und unterstützt. Die Zuneigung, die Sie erfahren, wird an der Anzahl der täglichen Interaktionen gemessen. Wenn Sie viel Zeit vor dem Bildschirm verbringen, tauschen Sie sich auch mit Menschen aus, die Sie im wirklichen Leben nicht kennen. Das ist das Schöne an den Netzwerken, dass einen der Algorithmus mit vielen Menschen in Verbindung bringt. Wenn sie den gleichen Geschmack haben, spielt es keine

Rolle, dass diese Person nicht in Ihre Schule geht, denn so können Sie Ihren Bekanntenkreis vergrößern und ein wenig aus der Routine ausbrechen.

Natürlich fragen Sie sich von Zeit zu Zeit, wer sich wirklich hinter den Pseudonymen verbirgt, aber das ist ja auch der Reiz: eine andere Identität anzunehmen, eine interessantere Version von sich selbst zu präsentieren, die den eigenen Wünschen besser entspricht. Mit der Zeit verbringen Sie sogar mehr Zeit damit, mit »Fremden« zu chatten als mit Ihren Freundinnen. Sie sind zu Vertrauten geworden, mit denen Sie Ihre Geheimnisse, Ihren Kummer und Ihre kühnsten Träume teilen. All das tut Ihnen gut, gibt Ihnen Selbstvertrauen, und mit jedem neuen Kommentar fühlen Sie sich belohnt und bestätigt in dem, was Sie sind. Ihre Eltern und Freunde machen sich ein wenig Sorgen über die Distanz, die Sie zu ihnen aufbauen. Ihnen ist das egal. Sie leben mit dem Handy in der Hand, lachen und weinen vor dem Bildschirm, geraten in Panik bei dem Gedanken, dass man Sie von Ihrer digitalen Welt abschneiden könnte, und poltern bei einem Streit: »Du kannst das nicht verstehen, die sind meine wahre Familie!«

All diese neuen Beziehungen geben Ihnen die Möglichkeit, Ihre Realität selbst zu entwerfen. Da Sie wissen, dass Sie diese Menschen nie *in persona* treffen werden, ist alles möglich. Das Virtuelle bietet einen völlig neuen Raum, der echter ist als das Leben. Zuerst haben Sie bei Ihrem Alter geschummelt. Aber wer hat das nicht schon einmal getan? Ein paar zusätzliche Jahre verliehen Ihnen einfach mehr Selbstbewusstsein. Sie haben sich auch eine neue Sprache angeeignet, fühlen sich freier und lustiger. Es ist so toll, von den Vorurteilen der einen oder anderen Seite befreit zu sein, aus den Schubladen herauszukommen, in die Sie Ihre Kindheitsfreunde stecken. Aber der Bereich, der Sie am meisten begeistert, ist Ihr körperliches Erscheinungsbild. Sie lieben es, Fotos von sich zu posten, Sie setzen Filter ein, um sich zu verschönern, um sich weiblicher, hübscher und erfüllter zu fühlen. Mit ein paar digitalen Pinselstrichen sind Sie wie verwandelt. Ihre jugendlichen Gesichtszüge verschwinden und machen Platz für ein perfektes Gesicht. Sie können Stunden damit verbringen, Ihre Fotos zu betrachten, stolz auf Ihre Kreation. Es ist nicht mehr bloß eine neue Version von Ihnen, sondern eine reine Erfindung. Eingeschlossen in Ihrem Zimmer preisen Sie all diese Verwandlungen: neues Alter, neues Aussehen, neue Freunde, neues Leben! Triumphierend stellen Sie der langsamen und einengenden Zeit der Pubertät ein gewaltiges Bein. Ihre Eltern können Ihnen Hausarrest erteilen, aber das ist Ihnen egal, denn Ihre Welt passt in eine Hand. Sie werden geliked, alles andere ist unwichtig.

Aber heute Morgen hat einer Ihrer »Freunde« unter Ihrem letzten Fotobeitrag einen spitzen Kommentar abgegeben, in dem er Ihre Körperhaltung lächerlich macht. Andere haben die Gelegenheit genutzt, um Ihr Outfit,

Ihre Haarlänge und die Größe Ihrer Ohrringe zu kritisieren. Das waren zunächst zwar nur Scherze, aber der Ton wurde immer schärfer. Plötzlich werden Ihre wertvollen Kontakte wieder zu Fremden, die sich hinter einem Bildschirm austoben. Innerhalb weniger Sekunden – Sie lieben ja diese Unmittelbarkeit – haben Sie sechsundfünfzig Benachrichtigungen, eine aggressiver als die andere. Sie fühlen sich betrogen, mit Füßen getreten und gedemütigt. Das echte Leben hat sich mit dem virtuellen vermischt, aber weil Sie das eine vernachlässigt haben, um das andere zu verherrlichen, wissen Sie nicht mehr, wer Sie sind und wie Sie sich wieder mit Ihrer Realität verbinden können.

Was sagt Baudrillard dazu?

Der streitbare Jean Baudrillard war nicht nur ein Soziologe, der die Konsumgesellschaft unter die Lupe genommen hat, sondern auch ein aufmerksamer Philosoph, der unsere moderne Welt und ihren Taumel beobachtet hat: Er schrieb über Themen wie genetische Mutationen, Einkaufszentren, Spekulationsblasen und sogar Madonnas Körper. Baudrillard hatte es sich zum Ziel gesetzt, unsere gesamte Epoche zu entschlüsseln, ein Röntgenbild unserer Mechanismen zu erstellen und vor allem die Transformationen aufzuzeigen, die all diese Veränderungen mit sich bringen. Eines seiner wichtigsten Themen ist die Beobachtung, dass das Reale verschwindet. Wie wäre es, wenn Sie sich gemeinsam mit ihm auf die Suche machen?

Eingesperrt in Ihrem Zimmer sitzen Sie in Ihrer eigenen Falle. Weil Sie sich von der Realität lösen wollten, haben Sie sie verwandelt und einen völlig neuen Raum ohne Sinn und Bezug geschaffen. Sie wissen nicht mehr, wer Sie sind, wo Sie sind und wer die Menschen sind, die so viel Platz in Ihrem Leben eingenommen haben. Das Virtuelle hat die Realität ermordet, und Sie sind das Kollateralopfer.

Denn bei Jean Baudrillard geht es sehr wohl um Mord. Er sagt, die Leiche des Realen sei nicht zu finden, also könne es nicht tot sein, sondern nur verschwunden. Das Reale ist nicht mehr da, es hat sich in Luft aufgelöst und ist unter verschiedenen Modifikationen zusammengebrochen, von der Namensänderung bis zum Retuschieren des Gesichts. Er geht sogar so weit, von einem »perfekten Verbrechen« zu sprechen, und erklärt damit, dass das Virtuelle nicht nur im Gegensatz zum Realen steht, sondern es auch liquidiert hat. Zu viele Bilder, zu viele Interaktionen, zu viel Input. Die Augen ständig auf unsere Bildschirme gerichtet nisten sich virtuelle Komponenten in uns ein, die mit der Zeit unsere Realität absorbieren. So werden wir laut dem Philosophen von »Simulakren« regiert. Ein Simulakrum sei die identische Kopie eines Originals, das es nie gegeben habe. Das Paradoxon in dieser Formulierung ist auffällig, aber das, was es bezeichnet, ist recht einfach: Das Simulakrum ist das Nichts, das zur Realität wird.

Denn zunächst ist unsere Aktivität in den sozialen Netzwerken nur eine Unterstützung der Realität, ein Werkzeug, um unsere Beziehungen zu stärken, um mehr Zeit damit zu verbringen, uns mit Menschen auszutauschen, die wir mögen. Doch nach und nach nimmt diese Aktivität nicht nur Raum ein, sondern verschmilzt mit unserem Alltag und ersetzt ihn. Soziale Netzwerke ermöglichen es uns, das Reale durch einen Doppelgänger zu ersetzen, der realistischer, perfekter und realer ist als das Reale. Wenn Sie den ganzen Tag surfen, haben Sie das Gefühl, mit Ihrer »echten Familie« zu chatten, mit Ihrem wahren Gesicht. Das ist der Kern des Problems. Es ist das, was Jean Baudrillard als »Hyperrealität« bezeichnet: Das Reale werde nicht zugunsten des Imaginären ausgelöscht, sondern ausgelöscht zugunsten des Hyperrealen, einer Simulation, die realer ist als das Reale, wahrer als das Wahre. Es ist nicht so, dass die Realität wirklich verschwindet, natürlich sind Sie noch sehr real, genauso wie Ihre Freunde, aber die Realität hat keine eigene Konsistenz mehr. Das Virtuelle hat ihren Platz eingenommen, davon zeugt die Unfähigkeit, zwischen Original und Kopie zu unterscheiden, echte Beziehungen von völlig künstlichen abzugrenzen. Was ist Ihnen am ähnlichsten? Die geschickt gefilterten Porträtfotos oder Ihr Spiegelbild? Ihr Abbild ist zu Ihrer eigenen Person geworden. Der Spott, der unter Ihrem Foto in den

Kommentaren auftaucht, bekommt eine ganz neue Dimension, und der Bildschirm kann Sie nicht vor den verbalen Gewaltausbrüchen schützen. Sie können nicht mehr zwischen Ihren alten Freundinnen und Fremden mit verschleierter Identität unterscheiden. Alles vermischt sich und macht Sie sehr verletzlich.

Die Hyperrealität treibt uns zu allen möglichen Exzessen, alles muss schnell gehen, alles muss geteilt und kommentiert werden, Ereignisse werden zu Gewohnheiten. Baudrillard setzt seine Analyse des Phänomens fort und geht noch einen Schritt weiter, indem er vom Begriff der Hyperrealität zu dem der »integralen Realität« übergeht. Die integrale Realität sei der Moment, in dem die Dinge ihre Distanz, ihre Substanz sowie ihren Widerstand in der gleichgültigen Beschleunigung des Systems verlieren; in dem die in Panik geratenen Werte beginnen, ihr Gegenteil zu produzieren. Gefangen in dieser Verwirrung zwischen real und virtuell, ohne Bezugspunkt und ohne Orientierung, ist es unmöglich, solide Urteile zu fällen. Alles ist in sein Gegenteil umkehrbar: Das Gute kann zum Bösen werden, das Schöne kann hässlich werden, Freunde können zu Feinden werden. Die ständige Verbindung lässt uns alles verschwommen sehen. Ob als Erwachsene oder Jugendliche – wir verlieren uns im Nebel unserer Verbindungen.

Heißt das, wir sollten all unsere Bildschirme loswerden und das WLAN verfluchen? Es gibt keinen Grund, in Schuldgefühle zu verfallen. Es geht nur darum, sich zu disziplinieren und die Kontrolle über die Hyperrealität zurückzugewinnen. Wir müssen wieder Bezugspunkte schaffen, alte Freunde wiedersehen, das Handy aus der Hand legen, uns selbst ohne Filter akzeptieren und vor allem Abstand von unseren Gewohnheiten gewinnen. Denn nur wenn wir unseren Praktiken wieder einen Sinn geben, kann die Leiche der Realität wiederbelebt werden. Obwohl Jean Baudrillard oft einen pessimistischen Blick auf die Gesellschaft wirft, scheint er uns auch zu provozieren, damit die Digital Natives unter uns sich die Mühe machen, sich selbst zu hinterfragen. Wenn uns schwindelig wird und alles in unserem Kopf durcheinandergerät, ist es immer noch die beste Lösung, wieder auf den Boden der Tatsachen zurückzukehren.

Ein paar Zeilen zu Baudrillard
(1929–2007)

Jean Baudrillard wurde am 27. Juli 1929 in Reims als einziger Sohn eines Gendarmen und einer Hausfrau geboren. Seine Familie war bäuerlich geprägt. Der brillante Schüler wurde schnell von seinen Lehrern entdeckt und erhielt ein Stipendium für die Vorbereitungsklasse am Lycée Henri-IV in Paris. Sein Weg schien vorgezeichnet, doch als Revolutionär, der von Maos Gedankengut beeinflusst wurde, kehrte er der Prüfung für die École normale supérieure den Rücken. Er wurde Landarbeiter und später Maurer in der Gegend von Arles, wo er seinen Realitätssinn auf die Probe stellte. Nach seiner Rückkehr schloss er sein Germanistikstudium an der Sorbonne ab und erhielt die Agrégation in Deutsch. Er wurde Lehrer und unterrichtete an verschiedenen Gymnasien in Frankreich, begann parallel zu übersetzen und arbeitete für den Verlag Éditions du Seuil als Lektor. Er beendete seine Tätigkeit als Sekundarlehrer und begann eine Doktorarbeit über die Soziologie des Alltagslebens. Er lernte bei Roland Barthes und Pierre Bourdieu. 1968 wurde er promoviert und veröffentlichte seine Dissertation *Das System der Dinge.* Ab den Siebzigerjahren wurde er weltweit bekannt, während er in Frankreich relativ anonym blieb. Er war Mitglied des Forschungsinstituts für soziale Innovation am CNRS und schrieb zahlreiche Artikel und Rezensionen. Nebenbei reiste er durch die ganze Welt, von Australien über Brasilien und die USA bis nach Mexiko. Seine stete Neugier brachte ihn dazu, sich mit sehr vielseitigen Themen zu befassen. Baudrillard provozierte und inspirierte. Er war weit entfernt vom akademischen Dünkel und stellte sich immer gegen das Konsensdenken. Zu seinen Freunden zählten viele Künstler, er selbst übte sich in Fotografie. Er starb am 13. März 2007 und wurde auf dem Friedhof Montparnasse in Paris beigesetzt. Die laizistische Zeremonie ohne Beileidsbekundungen veranlasste den dort anwesenden Philosophen René

Schérer zu der Aussage: »Das ist alles völlig normal, Baudrillards Beerdigung hat nicht stattgefunden, und das ist auch gut so, denn jetzt wird er leben.«

Das Buch für den Krisenfall

Das perfekte Verbrechen

Das 1995 veröffentlichte Buch geht der Frage nach: »Wo ist der Sinn geblieben?« In einem ironischen und zugleich poetischen Stil erzählt Baudrillard vom Tod der Realität, die von der Hyperrealität ermordet worden ist. Indem er unsere Welt, unsere Sitten und Praktiken in einem oft provokanten und pessimistischen Tonfall zerlegt, zwingt er uns zum Nachdenken.

Philosophie hilft!

- Wenn wir auf unseren Bildschirmen mit zu vielen Bildern und zu vielen Interaktionen konfrontiert werden, sind wir schließlich nur noch von Simulakren umgeben, also vom Anschein der Realität.

- Hyperrealität ist, wenn die Illusion wahrer wird als die Realität und wir nicht mehr zwischen real und virtuell unterscheiden können. Wir haben dann keine Orientierungspunkte und keine Werte mehr.
- Um aus diesem Zustand des Taumels, in dem wir uns verloren fühlen, herauszukommen, müssen wir das Virtuelle vernünftig nutzen und der täglichen Realität wieder einen Sinn geben.

Mit Simone Weil durch harte Zeiten

Oder: Der Mut, die Augen zu öffnen

Sie haben schon immer das Feuerwerk geliebt, die Funken, die die Dunkelheit erhellen, und genauso wollten Sie auch leben. Keine Zeit für Konflikte, Stürme und schlechte Nachrichten. Der feindseligen Konfrontation zogen Sie die schöne Stille vor. Manchmal wurde Ihnen vorgeworfen, Sie würden wie der Vogel Strauß den Kopf in den Sand stecken und vor der Realität flüchten, aber Sie waren nicht beleidigt, sondern nahmen es als Kompliment. Der Mantel der Verleugnung wurde Ihr liebstes Kleidungsstück, und immer, wenn eine Sorge auftauchte, sagten Sie sich: »Worüber man nicht spricht, das gibt es nicht.« Sie schwebten von Partys zu Meetings und waren überzeugt, Ihnen könnte nie etwas Schlimmes passieren.

Als Sie dann eines Morgens mit Schwindelgefühlen aufwachten, taten Sie so, als sei nichts. Eine kleine körperliche Unannehmlichkeit würde Sie nicht ausbremsen. Sie waren es gewohnt, Ihren Körper nicht groß zu beachten, sondern ihn nur zu bitten, mit Ihnen zusammenzuleben, ohne Sie zu sehr zu belasten. Zum Arzt gingen Sie nur, wenn Sie ein ärztliches Attest brauchten. Für Ihr morgendliches Unwohlsein gab es wahrscheinlich eine ganz normale

Erklärung, höchstens ein bisschen Stress und zu wenig Schlaf. Ganz sicher waren Sie gesund, und Sie verleugneten Ihre Ängste. Im Laufe der Monate wurden die Symptome jedoch immer stärker, und die Müdigkeit machte Ihnen immer mehr zu schaffen. Schließlich suchten Sie einen Arzt auf und waren immer noch fest davon überzeugt, eine Vitaminkur würde das Leiden schnell beenden. Sie erzählten Ihrer Familie nichts und Ihren Freunden noch weniger, weil Sie nun einmal gern all jenes verdrängten, was Ihre heile Welt trüben könnte.

Statt Ihnen rasch eine Diagnose zu nennen und eine einfache und wirksame Behandlung zu verschreiben, zwang Ihr Hausarzt Ihnen weitere Untersuchungen auf, Bluttests und langwierige Untersuchungen, und Sie entdeckten eine Parallelwelt, in der Ihr Körper, den Sie so lange Zeit ignoriert hatten, bis in den letzten Winkel durchleuchtet wurde. Es kam Ihnen vor, als müssten Sie ein Rätsel lösen, Hinweise sammeln und an einer völlig unorganisierten Schnitzeljagd teilnehmen. Was Ihnen vor allem Angst machte, war, dass Sie nicht wussten, was von Ihnen erwartet wurde. Trotzdem versuchten Sie, gelassen zu bleiben.

Doch heute Morgen ist die Aufregung groß, denn Sie haben einen Termin, bei dem Sie endlich das Ergebnis der Untersuchungen und den Grund für Ihre Beschwerden erfahren werden. Als Sie die Praxis des Spezialisten betreten, sind Sie überzeugt, es werde ein Missverständnis aufgeklärt. Doch die ernste Miene Ihres Gegenübers ist schwer zu übersehen. »Nehmen Sie bitte Platz, ich muss Ihnen etwas mitteilen.« Auch wenn Sie die Königin des Optimismus sind, ist Ihnen klar, dass dies die Einleitung zu einem Fall ins Bodenlose ist. Mit großer Vorsicht wird Ihnen erklärt, was Sie haben, aber Sie glauben, das könne nur ein schlechter Scherz sein. So etwas passiert nur den anderen. Es muss sich um eine Verwechslung handeln. Sie sind voller Leben, Lust und Pläne. Sie sitzen vor diesem Mann, der seine Lateinvokabeln zu üben scheint. In komplizierten Begriffen erklärt er Ihnen Ihre Krankheit, und Sie denken darüber nach, dass er den sexy Ärzten ähnelt, die in Fernsehserien die Diagnosen stellen. Er erklärt, argumentiert und analysiert Protokolle. Ihre Gedanken schweifen ab, Sie hören nichts mehr. Keiner der Sätze, die er sagt, ergibt für Sie einen Sinn. Sie sind schon längst nicht mehr beim Verleugnen, es geht nicht mehr darum, den Kopf in den Sand zu stecken, sondern darum zu fliehen. Irgendwohin, wo alles gut und schön ist. Sie wollen dieses dramatische Szenario unbedingt abbrechen. Zum Abschied drückt Ihnen der Arzt mit Nachdruck die Hand, als würden Sie zur Front aufbrechen. In diesem Moment wird Ihnen klar, dass Ihr Leben innerhalb von Sekunden aus den Fugen geraten ist. Das Damoklesschwert, das über jedem von uns schwebt, hat sich mitten in Ihr Herz gebohrt, und Sie müssen darum kämpfen, es wieder loszuwerden.

Angesichts der Gefahr, die auf Sie lauert, ist von Leichtigkeit keine Rede mehr. Aber wie kann man stark sein, wenn alles zusammenbricht? Wenn man direkt ins Ungewisse rennt? Ihr Körper ist jetzt offiziell leidend, und Sie wissen nicht, wie Sie wieder Herrin der Lage werden. In Filmen bestellt die Hauptfigur in Schockmomenten immer einen Drink, aber Sie mögen das nicht und brechen in Tränen aus, noch bevor Sie das Café auf der anderen Straßenseite erreicht haben. Bisher haben Sie sich in Ihrem Leben immer für das Licht entschieden, auch wenn Sie dafür die Realität verbiegen mussten. Nun fühlen Sie sich überhaupt nicht dafür gewappnet, gegen die Dunkelheit zu kämpfen. Jetzt müssen Sie das Sporttraining gegen Behandlungseinheiten eintauschen, und Sie fragen sich, woher Sie in diesem Labyrinth aus Gefühlen Ihre Kraft nehmen sollen. Wenn dies wirklich ein Krieg ist, werden Sie unbedingt Hilfe brauchen, um ihn zu gewinnen. Von nun an müssen Sie Ihren Mut unter Beweis stellen.

Was sagt Weil dazu?

Ebenso mutig wie ihre Namensvetterin aus der Politik, Simone Veil, stellte sich die Philosophin Weil dem Leben. Alle, die ihr begegnet sind, berichten voller Bewunderung von Simone Weils unwiderstehlichem Bedürfnis, sich den brutalsten Realitäten ihrer Zeit auszusetzen – der Fabrikarbeit, dem Spanischen Bürgerkrieg und dem Zweiten

Weltkrieg –, um leben und denken zu können. Sie war der Meinung, sie könne nur durch die Konfrontation mit der Realität zur Wahrheit gelangen und ihre Zeit verstehen. Die Philosophin, die oft angeschlagen und krank war, hatte den Mut, sich aus ihrer Deckung zu wagen. Das macht sie zur idealen Begleiterin für uns, wenn es darum geht, in den Kampf zu ziehen.

Wenn wir mit den schlimmsten Nachrichten unseres Lebens konfrontiert werden, haben wir zunächst oft das Gefühl, dass uns schwindelig wird. Unser Magen zieht sich zusammen, weil uns bewusst wird, dass wir aus unserer Komfortzone geworfen werden. Genau das ist das Gefühl, das Sie überfällt und dazu bringt, Ihre Fluchtstrategie so lange wie möglich aufrechtzuerhalten. Sie wissen, dass Sie eigentlich in den Kampf ziehen müssten, aber Sie wissen nicht, welche Haltung Sie einnehmen sollen. An dieser Stelle wird es unerlässlich, über Mut nachzudenken, denn um Mut zu beweisen, muss man verstehen, wie er funktioniert – und genau darum geht es in Simone Weils Arbeit.

Die überzeugte Pazifistin beklagte den Drang der Staaten, Kriege anzuzetteln, jedoch war sie davon überzeugt, dass sich jede und jeder Einzelne persönlich kämpferisch zeigen kann und muss. Das bedeutet, sich mit den Schwierigkeiten zu konfrontieren, anstatt sich von ihnen abzuwenden, selbst in Zeiten, in denen Handeln hoffnungslos erscheint. Ob wir uns nun mitten im Weltkrieg oder im Krankenhaus befinden, die Antwort ist dieselbe: Wir sollten uns der Situation mit offenen Augen stellen. Um einen Weg zu finden, dies zu tun, braucht es Mut. Weil unterscheidet zwischen zwei Formen des Mutes, die wir je nach Art der Herausforderung mobilisieren müssen.

Eine Form des Mutes ist, einen kühlen Kopf zu bewahren und angesichts von Risiken standhaft zu bleiben. Mit dieser Fähigkeit kann man unter allen Umständen geistesgegenwärtig und selbstbeherrscht sein. Sie ist all jenen gemein, denen es in der Not gelingt, präzise und schnell zu handeln und dabei die Emotionen zugunsten der Effizienz beiseitezulassen. Weil schreibt von einigen Gelegenheiten, bei denen sie ihre Nervenstärke testen konnte. Starke Nerven sind die Basis für einen kühlen Kopf, sie sind mehr Reflex als philosophische Haltung – und eine unabdingbare Voraussetzung für Mut. Aber ist es das, was Sie brauchen, wenn der Arzt Ihnen eine Diagnose mitteilt? In dieser Situation einen kühlen Kopf zu bewahren würde ja bedeuten, dass Sie die emotionale Wirkung verleugnen, die Sie dazu bringt, flüchten zu wollen. Einen kühlen Kopf zu bewahren ist etwas Unmittelbares, aber Sie brauchen im Fall einer Krankheit einen langen Atem. Daher sollten wir uns Simone Weils zweiter Definition von Mut zuwenden.

Auch philosophisch betrachtet ist diese zweite Form von Mut interessanter. Sie besteht darin, im Auge des Sturms klarsichtig zu bleiben. Mit anderen Worten: Diesmal geht es darum, eine Verbindung zwischen unseren Gefühlen und der Realität herzustellen. Wir müssen die Gefühle erst einmal annehmen, um die Realität besser akzeptieren zu können. Das ist das Gegenteil von Leugnen. Wir sollten nicht den Kopf in den Sand stecken oder um jeden Preis stark bleiben, sondern unsere Gefühle als Hebel nutzen, der uns zur Analyse führt. In Simone Weils Ansatz setzt Mut einen gewissen »Voluntarismus« voraus, einen Durchsetzungswillen, der nur dann entstehen kann, wenn man bereit ist, sich für die Gefahr zu interessieren. Es ist der Wille zu kämpfen, zu streiten, aber vor allem zu verstehen. Denn um klarsichtig zu sein, muss man sich mit etwas auseinandersetzen, aber vor allem muss man denken. Denken bedeutet, die Situation in all ihren Details wahrzunehmen. Was geht in Ihnen vor? Was fehlt Ihnen? Wie kann Ihnen die Behandlung helfen? Wenn Sie Antworten auf diese Fragen haben, können Sie methodisch vorgehen. Wenn die Krankheit uns unseren Körper entzieht, können wir durch Klarheit wieder die Kontrolle über ihn erlangen. Konflikte, Entscheidungen, schlechte Nachrichten, Trennungen etc. – in Lebensmomenten, die uns ängstigen, entwürdigen und zermürben, müssen wir stets die gleiche Haltung wählen. Weil betont: Zu kämpfen bedeutet, von seinem Denken Gebrauch zu machen. Klare Gedanken sind die einzige Waffe, von der wir sicher sein können, dass sie sich nicht gegen uns wendet.

Es ist wichtig, Simone Weils Klarsicht nicht mit Pessimismus zu verwechseln. Die Flucht öffnet keine Türen, während Klarsicht auch Hoffnung beinhalten kann, und den Glauben daran, den Kampf gewinnen zu können. Sie bedeutet, der nackten Realität ins Gesicht zu sehen. Um sich nicht selbst zu täuschen, bedarf es einer Willensanstrengung und harter Arbeit an sich selbst. Dabei ist das Akzeptieren der dunklen Nacht der erste Schritt in Richtung Morgengrauen.

Ein paar Zeilen zu Weil (1909–1943)

Simone Weil wurde am 3. Februar 1909 in Paris geboren und agnostisch erzogen, obwohl ihre Familie jüdischer Abstammung war. Sie hatte eine enge Beziehung zu ihrem älteren Bruder André, der später ein genialer Mathematiker werden sollte. Schon in jungen Jahren hatte Weil ein besonderes Mitgefühl für die Benachteiligten. Sie interessierte sich für den Ersten Weltkrieg, in den ihr Vater, ein Arzt, eingezogen wurde. Mit elf Jahren ging sie alleine auf eine Arbeitslosendemonstration, wo ihr Kindermädchen sie mitten auf dem Boulevard Saint-Germain wiederfand. Nach dem Abitur besuchte sie drei Jahre lang die Vorlesungen des Philosophen Alain (eigentlich Émile-Auguste Chartier). Das Denken ihres Lehrers, der die Rolle des Willens als Grundlage für Freiheit und Handeln betonte, bildete den Ankerpunkt ihrer gesamten Philosophie. Während ihrer Studienzeit entwickelte sich nicht nur ihr Denken, sondern auch ihr strenger, sensibler Charakter. 1928 wurde sie in die École normale supérieure aufgenommen. Sie unterschied sich von den anderen Studierenden, insbesondere weil sie auf die Revolution schwor, die »jedem etwas zu essen geben würde«, und weil sie sich sehr männlich kleidete. Nach ihrer Agrégation in Philosophie 1931 kam Simone Weil an das Mädchengymnasium in Le Puy-en-Velay, wo sie sich für die Verbesserung der Lage der Arbeiter einsetzte und sich an gewerkschaftlichen Aktionen beteiligte, da sie der Meinung war, dass nur diese zu einer wirklichen Veränderung der Gesellschaft führen könnten. Im Sommer 1932 reiste sie nach Deutschland und schilderte in mehreren Artikeln ihre Eindrücke aus dem Land, wo die Massenarbeitslosigkeit grassierte und die Nationalsozialistische Partei aufstieg. Da sie davon überzeugt war, philosophische Überlegungen ließen sich nicht von realen Erfahrungen trennen, begann sie, in einer Fabrik zu arbeiten. Zwischen Dezember 1934 und August 1935 arbeitete sie an Fräse und Presse sowie als Verpackerin. Erschöpft und unfähig, mit dem höllischen Produktionsrhythmus Schritt zu halten, verarbeitete sie ihr Leiden in zahlreichen Schriften. 1936 konvertierte sie zum Christentum und schloss sich den Republikanern im Spanischen Bürgerkrieg an. Als der Zweite Weltkrieg ausbrach, floh sie in die Zone libre, wo sie in der Landwirtschaft arbeitete. Aus Angst vor antisemitischer Verfolgung floh sie mit ihren Eltern nach New York, ging aber bald darauf nach London. Dort widmete sie sich erneut dem Schreiben und verfasste unter anderem ihr politisches und philosophisches Vermächtnis, *Die Verwurzelung*. Sie lebte in einem Londoner Arbeiterbezirk, schlief auf dem Boden und litt an Unterernährung. Sie erkrankte an Tuberkulose und wurde in ein Krankenhaus gebracht, wo sie keine Nahrung mehr zu sich nahm. Sie starb am 24. August 1943 im Alter von vierunddreißig Jahren und hinterließ ein Werk, das ihrer Lebensweise in jeder Hinsicht gerecht wird.

Das Buch für den Krisenfall

Leçons de philosophie

Simone Weils Schülerinnen an einer Mädchenschule in Roanne merkten schnell, dass das Denken ihrer Philosophielehrerin etwas Besonderes war. Dieses 1959 veröffentlichte Buch ist eine Sammlung ihrer Unterrichtseinheiten der Jahre 1933 bis 1934. Wie sokratische Gespräche geführt beleuchten sie ihre Suche nach Wahrheit und ihr Bestreben, die Welt um sie herum zu verstehen.

Philosophie hilft!

- Leugnen hält uns vom Kämpfen ab. Um kämpfen zu können, müssen wir uns zermürbenden Situationen stellen, und das erfordert Mut.
- Es gibt zwei Formen von Mut, die beide gleich wichtig sind: Einen klaren Kopf bewahren, was bedeutet, sich unter Kontrolle zu haben – und Klarsicht, was bedeutet, den Dingen ins Gesicht zu sehen.
- Klarsicht heißt, analysieren zu wollen. Indem wir denken und alle Schwierigkeiten, die sich uns in den Weg stellen, erfassen, können wir sie überwinden.

Dank

Manchmal frage ich mich, ob ich Bücher nur deshalb schreibe, um am Ende den Dank verfassen zu können. Die Dankbarkeit für die Liebe und das Vertrauen, die mir entgegengebracht werden, wird nie versiegen. Das Abenteuer, ein Buch zu schreiben, ist nur deshalb so wunderbar, weil es Menschen gibt, die es mit mir teilen, die mich unterstützen, meine Zeilen lesen, mir zuhören, mich einladen und vor allem, bei Begegnungen und auf Buchmessen von sich selbst erzählen.

Denn, glauben Sie mir, daran kann man sich nicht gewöhnen … Ich könnte Dutzende von Seiten über die außergewöhnliche Sanftmut meiner Eltern schreiben, ihre Ermutigung und Unterstützung. Die enge Verbindung zu meinem Bruder möchte ich ebenfalls betonen und seine Professionalität als Lektor loben, eine Arbeit, die einem ständigen Marathon gleichkommt. Mehr als je zuvor gebührt mein Dank Alexander, dem Architekten und

Kapitän, der mir durch das Bauen von Hütten die Stabilität eines Wolkenkratzers garantiert. Und Coco, dessen Strenge und Aufrichtigkeit in meinem Kopf wohnen und wirksamer sind als ein Über-Ich. Dieses zweite Buch verdanke ich euch allen mehr denn je. Danke, dass ihr euch so viele Filme angesehen habt!

Auch gäbe es dieses Buch nicht ohne Susanna, Emmanuelle und Leonard, die mich als junge Autorin unter ihre Fittiche genommen haben. Ebenso wenig ohne Claire, Djohr, Charlotte, eine weitere Charlotte und Marie. Vielen, vielen Dank! Mit euch fühle ich mich reich beschenkt.

Wenn ich ehrlich bin, sind auf den Seiten dieses Buches auch eure Worte enthalten, aus den Sommern in Cap Ferret, meinen ewigen Inspirationsquellen: Simonettas WhatsApp-Nachrichten, Flavies Lachen und ihre Komplizenschaft, Alis und Alexias Vertrauen, Audreys Selbstverständlichkeit, Simons und Leas Küsse, Angels Scham, der ich eine Geschichte verdanke, Steph und Hugo (ihr seid meine beste Nachricht des Jahres), Lia und Claudia fürs Feminine, Liv und ihre Fantasie, Marine, Vincent und ihre Kühe, die Zuneigung meiner Schüler, Claires Yogastellungen, die mich einigermaßen gerade halten, Odettes Gerichte, die Erinnerungen an die Rue Mouton-Duvernet. All das macht mich glücklich, aber vor allem lebendig.

Und schließlich tragen mich die Ermutigungen meiner geschätzten Leserinnen und Leser, die Leidenschaft der

Buchhändlerinnen und Buchhändler, die Komplizenschaft all derer, die mit der Wahl eines Buches eine ganze Welt aufrechterhalten.

Ich danke Ihnen und euch allen.

Marie Robert auf Instagram:
@philosophyissexy

Register

Register